VILLE ET ENVIRONS

D'ÉVREUX.

NOTICE HISTORIQUE

SUR

LA VILLE ET LES ENVIRONS

D'ÉVREUX

PAR A. GUILMETH,

Membre de plusieurs Académies et Sociétés savantes.

ROUEN

LIBRAIRIE A. LE BRUMENT
45, quai Napoléon

1849

Vue Septentrionale de la Cathédrale d'Evreux.

Publié par Auguste Guilmeth de Brionne.

Notice Historique

SUR

LA VILLE D'ÉVREUX.

———

Située sur les bords de l'Iton, dans une charmante vallée qu'environnent de toutes parts de hautes et riantes collines et des attérissements fertiles, la ville d'Évreux, chef-lieu du département de l'Eure, se trouve sur la route royale de Cherbourg à Paris, à 18 degrés 48 minutes 37 secondes de longitude, et 49 degrés 1 minute 30 secondes de latitude.

Son nom, formé du mot celtique *Ebure* ou *Evre* (bois haut et épais), prouve que cette ville doit son origine aux antiques peuplades de cette partie des

1

Gaules, que Strabon, César et Ptolémée appellent *Aulerci Ebvrovices*, et qui, eux-mêmes, avaient reçu cette dénomination des vastes et mystérieuses forêts qui couvraient alors la majeure portion de leur territoire.

Toutefois, quoi qu'en aient avancé plusieurs écrivains, il ne faut pas confondre la ville dont nous parlons avec la capitale de ces mêmes peuples.

Cette dernière cité, appelée *Mediolanum Aulercorum* par l'Itinéraire d'Antonin, la Table Théodosienne (dite Carte de Peutinger), Ptolémée et Ammien Marcellin, avait été bâtie par la tribu, purement celtique, dont elle portait le nom. Située au milieu d'une plaine, à trois milles (9 kilomètres) sud-est de la ville actuelle, cette cité se trouvait dans l'emplacement qu'occupe aujourd'hui la commune du Vieil-Evreux, à peu de distance de la grande route de Paris.

Quant à Evreux, que différents auteurs appellent indistinctement *Ebroïcæ*, *Ebroïcum Castrum*, etc., il n'était encore, selon toute apparence, qu'un simple village ou hameau (*villa*), lorsque, déjà, *Mediolanum* brillait au rang de métropole des *Ebvrovices*.

Les troupes de César, sous la conduite de Publius Crassus, firent la conquête de ces peuples cinquante-sept ans avant Jésus-Christ. *Mediolanum*, bâti au milieu d'une plaine aride, se trouvait, tout à la fois, privé d'eau vive et dépourvu de fortifications. Au moyen de travaux et de dépenses énormes, les vainqueurs parvinrent à enrichir cette ville d'un magnifique aqueduc, dont on voit encore des traces sur près de sept lieues de longueur. Il est vrai que cette ressource ne pouvait guère suffire à des hommes aussi avides de rivières et de vallées que l'étaient les Romains. Cependant, ils entourèrent *Mediolanum* de murailles; mais la privation d'une eau abondante et pure les empêcha d'y établir leur principal poste militaire, qu'ils préférèrent placer sur les bords de l'Iton, dans l'enceinte qu'occupe aujourd'hui la ville d'Évreux; c'est également ce qui les détermina à faire tendre vers ce dernier point, plutôt que vers le chef-lieu lui-même, presque toutes les grandes voies qu'ils construisirent dans cette partie des Gaules.

C'est donc à cette époque seulement qu'Evreux commença d'avoir quelque importance. A partir de ce moment, il devint le boulevard, l'annexe, la citadelle (*oppidum*, *castellum*) de la métropole. Les Romains l'ornèrent même de quelques-uns de ces monuments dont ils étaient d'ailleurs si prodigues.

Cependant, les guerres civiles et les invasions

qui, sous les derniers empereurs, désolèrent si souvent ces contrées, finirent par amener la chute de *Mediolanum*. Plusieurs fois livrée au pillage et à la dévastation, la vieille capitale des Aulerques s'était toujours relevée de ses ruines. A la fin du quatrième siècle, elle était encore comprise, immédiatement après Rouen et Tours, au nombre des quatre principales villes de la seconde Lyonnaise ; mais bientôt sa dernière heure arriva.

Entre les années 406 et 409, les Alains, les Huns, les Vandales et plusieurs autres peuples barbares, se précipitèrent, comme un affreux torrent, sur les Gaules, et y mirent tout à feu et à sang. *Mediolanum*, envahi par ces hordes sauvages, fut, comme la plupart des autres villes, pillé, saccagé, et, pour ainsi dire, rasé de fond en comble. Il n'en demeura guère debout que ce qu'il fallait pour faire reconnaître au voyageur en quel endroit du champ s'était élevée la populeuse et florissante cité.

Plus heureux que la métropole celtique, le petit établissement que les Romains avaient placé à Evreux fut, on ignore par quelle circonstance extraordinaire, préservé de la destruction commune. Peut-être était-il encore trop peu important pour attirer sur lui l'attention d'avides et rapaces barbares, qui ne recherchaient qu'un riche butin et une proie abondante. Peut-être, au contraire, ses murs, quoique resserrés, se trouvèrent-ils assez forts pour braver les coups des stupides et féroces vainqueurs.

Quoi qu'il en soit, ce fut dans cette dernière enceinte, sur les bords de l'Iton, que, *désespérant*, dit M. A. Le Prevost, *de relever les ruines de leur ville, et probablement privés d'eau par le mauvais état de leur aqueduc, vinrent se réfugier tous ceux des habitans de Mediolanum qui n'avaient point été emmenés en captivité par les barbares.*

C'est aussi à cette époque que l'emplacement d'Evreux reçut, d'une manière toute spéciale, le nom qu'il porte encore aujourd'hui, le nom même du peuple dont, lui seul désormais, devait représenter la capitale et perpétuer le souvenir.

Quoique fortifiée, la nouvelle ville fut toujours peu considérable. On voit encore, dans plusieurs endroits de la cité actuelle, des débris, parfaitement reconnaissables, de son enceinte gallo-romaine. *Des fossés*, dit M. A. Le Prevost, *arrosés par une dérivation de l'Iton, en dessinent le contour, et nous apprennent qu'elle renfermait tout le terrain compris entre les jardins de l'Évêché, l'allée des Soupirs, l'emplacement du Château, et le bras de l'Iton parallèle à la rue de la Petite-Cité, nom donné, peut-être, par les habitans réfugiés de Mediolanum, à la nouvelle demeure qui leur offrait une image si chétive de l'étendue et de la beauté de leur établissement primitif. Des portions parfaitement authentiques du mur romain, ayant conservé leur revêtement de boutisses quarrées et de chaînes de briques ou tuiles antiques existent encore : 1° le long de l'allée des Soupirs, près de la Salle de spectacle; 2° au coin sud-ouest de l'Évêché, près d'une porte creusée pour communiquer avec les anciens fossés, maintenant convertis en jardins; et 3° dans les terrains dépendant de plusieurs maisons de la rue de la Petite-Cité...*

Dans une enceinte aussi étroite (10 à 11 acres), le génie des arts n'avait pu élever des monuments semblables à ceux qui décoraient *Mediolanum.* Nous avons déjà dit, cependant, que cette même enceinte n'en était pas entièrement privée. Quelques faits, dont nous n'avons pas encore parlé, fourniront bientôt de nouvelles preuves à ce sujet.

C'est entre les années 412 et 416, après la ruine de *Mediolanum*, et à l'époque où Évreux était déjà devenu le chef-lieu du pays des *Ebvrovices*, c'est-à-dire quatre-vingts ans environ avant la conquête de cette portion de la Gaule par les Francks, que saint Taurin apporta, sur ce même territoire, la religion du Christ, religion d'amour et de liberté, qui, la première, vint apprendre aux hommes qu'ils n'étaient ni des bestiaux, ni des esclaves, et qu'ils devaient être égaux sur la terre, puisqu'ils étaient égaux devant Dieu.

Taurin fut le premier évêque du diocèse d'Evreux. A son arrivée dans cette ville, il y trouva un temple de Diane, dont il renversa les autels et brisa les statues. Ayant ensuite purifié ce temple *par ses exorcismes et ses prières*, dit Orderic Vital, il le consacra au service divin, sous le vocable de la Mère de Jésus. Telle fut l'origine de la Cathédrale d'Evreux.

Après la mort de ce prélat, il y eut interruption, à Evreux, du culte qu'il y avait apporté. Les religions celte et romaine reprirent tout leur empire dans cette ville, et s'y maintinrent plusieurs années encore.

Lors des irruptions des Saxons, des Germains et des Francks, la ville d'Evreux fut plusieurs fois saccagée par ces barbares.

En 461, le prêtre Gaud, que l'église a mis au rang des saints, monta sur le siége épiscopal d'Evreux. Ce fut le deuxième évêque de ce diocèse.

En 497, Clovis (*Chlodowigh*) fit la conquête de la seconde Lyonnaise, et le pays d'Evreux passa de la domination des Romains sous celle des Francks.

Toutefois, après sa mort, arrivée en 511, les quatre fils de Clovis se partagèrent le royaume. Le pays d'Evreux, soumis d'abord à Childebert (*Khildebert*), roi de Paris, passa ensuite, après la mort de ce prince, arrivée vers 558, à son frère Clotaire (*Kloter*), mort en 562.

Ce dernier prince ayant laissé aussi quatre fils, qui partagèrent de nouveau l'empire franck, le diocèse d'Evreux fit partie du royaume de Neustrie, et échut à Chilpéric (*Khilperik*), mort en 584. Les successeurs de Chilpéric le transmirent ainsi tour-à-tour à leurs descendants, jusqu'à l'époque où la Neustrie tomba au pouvoir des hommes du Nord.

En 602, saint Laudulphe, neuvième évêque d'Evreux, ayant découvert les restes mortels de son prédécesseur saint Taurin, fit construire, sur le tombeau de ce vénérable apôtre, une chapelle tout en bois, selon l'usage de ces temps. Il la dédia à l'évêque saint Martin, dont le culte, ainsi que nous l'avons déjà dit ailleurs, était alors, dans toutes les provinces qui forment aujourd'hui le royaume de France, presque égal à celui de Dieu même. Long-temps ermite, Laudulphe avait habité, à un mille de la ville d'Évreux, une grotte ou caverne, sur laquelle on lui éleva aussi une chapelle dans la suite.

En 660, la chapelle élevée sur le tombeau de saint Taurin fit place à un magnifique monastère, qui, à l'époque de l'invasion des Normands, n'avait encore rien perdu de sa splendeur. C'est dans ce couvent que saint Leufroi, qui a donné son nom à une autre abbaye du même diocèse, avait fait ses études.

Vers l'an 693, un autre saint évêque d'Évreux, appelé Aquilin, fit construire, également en cette ville, une chapelle où il fut enterré, et à laquelle il laissa son nom.

En 872, Sébar, évêque d'Evreux, exhuma le corps de saint Nicaise, évêque de Rouen, du lieu où il avait souffert le martyre, et que l'on appelle *Gasni*, c'est-à-dire Gué-Nicaise (*Vadum Nicasii*). En 892, ce même Sébar employa tous les moyens qui étaient en son pouvoir, pour arrêter les invasions de Rollon et de ses féroces compagnons. Brûlant de fureur, le chef normand, après le siége de Paris, fit marcher sur Évreux de nombreuses troupes, pour saccager cette ville et s'emparer de l'évêque. Evreux fut pris, pillé et presque entièrement brûlé; mais le prélat sut échapper à toutes les recherches.

Par le traité conclu à Saint-Clair-sur-Epte en 911, le roi de France Charles-le-Simple céda à Rollon, devenu chrétien, la portion du royaume de

Neustrie, appelée depuis lors duché de Normandie. La ville et le territoire d'Evreux, jusqu'à la rivière d'Avre, furent compris dans cette cession.

La cathédrale d'Evreux fut un des premiers édifices que la piété du nouveau duc ait relevés sur le sol neustrien.

En 990, le duc Richard Ier, petit-fils de Rollon, démembra de son domaine le diocèse d'Evreux, l'érigea en comté, et le donna en apanage à Robert, son second fils, devenu depuis archevêque de Rouen. Ce prélat avait été marié; et sa femme, nommée Herlewe, avait eu un fils, nommé Richard, qui fut également comte d'Evreux. Ce Richard épousa la veuve de Roger de Tosny, comte de Conches, et en eut : 1° Guillaume comte d'Evreux; et 2° Agnès, mariée à Amauri Ier, comte de Montfort.

Dès 996, le duc Richard Ier, dont nous venons de parler, avait travaillé à la reconstruction de l'abbaye de Saint-Taurin, saccagée lors de l'invasion des Normands. Le comte Richard d'Evreux fit continuer cet édifice, qui, terminé en 1026, fut donné en 1035 à l'abbaye de Fécamp, en échange de Montivilliers, par le duc Robert Ier, (dit *le Libéral*). Ce monastère ne recouvra son indépendance que dans le courant du treizième siècle.

En 1060, on jeta, à Evreux, au centre de la ville,

les fondements d'une abbaye de dames, dite *de Saint-Sauveur.*

En 1078, Guillaume-le-Conquérant, duc de Normandie et roi d'Angleterre, soupçonnant que le comte Guillaume d'Evreux le trahissait et s'entendait avec le prince Robert (Courte-Heuze), alors révolté contre lui, s'empressa d'établir dans cette ville et dans sa forteresse une garnison à sa solde, avec un commandant à ses ordres [1].

Cependant, le vainqueur des Anglais ayant terminé son illustre carrière, dans la nuit du 8 au 9 septembre 1087, le comte d'Evreux, à peine instruit de cet événement, se hâta de rentrer dans ses droits sur cette même ville, força de sortir du château la garnison que le duc-roi y avait établie, et, sous les yeux du faible Courte-Heuze, jouit paisiblement des fruits de son audace.

Toutefois, cette tranquillité ne fut pas de longue durée. En 1090, la comtesse d'Evreux, Helwise de Nevers, s'étant emportée de colère contre Isabelle de Conches, qui l'avait outragée par des paroles calomnieuses, ces deux dames, célèbres

---

[1] Les monnaies frappées à Evreux sous Guillaume-le-Conquérant se remarquaient par la légende E BROC. CIVITAS. Ces pièces étaient de cuivre pour la plupart ; quelques-unes de zinc et de cuivre, d'autres de cuivre et d'argent (mêlées en tiers ou en demi).

par leur beauté, leur orgueil et leur cruauté, irri-
tèrent leurs maris l'un contre l'autre. Une guerre
affreuse s'éleva. Durant trois années, Evreux,
Conches et Breteuil, virent leur sol abreuvé du
sang de leurs défenseurs. Tout le territoire ad-
jacent, tant dans les campagnes que dans les
bourgades, fut livré à la dévastation, au massacre,
au pillage et à l'incendie. Cette horrible anar-
chie, dont la cause était si ridicule, fut appelée la
Guerre des Belles-Dames.

La cathédrale d'Evreux, que Rollon avait fait
rebâtir, fut considérablement augmentée sous le
règne de ses successeurs. L'évêque Gislebert
conduisit cet édifice à sa perfection, en fit faire la
dédicace et l'enrichit beaucoup : c'était cet évêque,
surnommé *le Grand* par ses contemporains, qui
avait célébré les funérailles de Guillaume-le-Conquérant. Renommé par ses lumières, ses vertus et
son éloquence, ce prélat mourut le 29 septembre
1112, et eut pour successeur Audoen.

Malgré la cruelle expérience qu'il avait eue, le
comte d'Évreux se laissa toujours dominer par sa
femme. Cédant à ses perfides menées, le vieux
Guillaume se permit de faire raser un donjon que
Henri Ier, roi d'Angleterre, possédait à quelque
distance d'Evreux; puis, de chasser du château de
Dangu la garnison que le prince y entretenait.

Deux fois leur audace et leurs outrages firent exiler en Anjou, et dépouiller des biens qu'ils possédaient en Normandie, le comte d'Evreux et son orgueilleuse épouse.

Enfin, le 18 avril 1118, une attaque d'apoplexie termina les jours de l'imprudent Guillaume. Comme il ne laissait pas d'enfants, ses biens devaient retourner à son neveu le comte Amauri II de Montfort, fils de sa sœur Agnès ; mais Amauri se trouvant alors dans les rangs des ennemis du roi d'Angleterre, Henri I$_{er}$, par les conseils de l'évêque Audoen, s'opposa à ce que cette succession s'effectuât, et, en conséquence, plaça dans la ville d'Evreux une nombreuse et vaillante garnison, sous le commandement d'un nommé Guillaume Pointel.

Toutefois, ce dernier, se souvenant de l'amitié qui, à une époque antérieure, l'avait uni au comte de Montfort, résolut d'abandonner la cause du roi d'Angleterre, et introduisit secrètement dans la tour d'Évreux de fidèles compagnons. Le sire d'Autheuil se hâta de se réunir à lui, avec plusieurs autres ; Amauri arriva, et la citadelle lui fut remise (le 7 octobre 1118). En peu d'instants, la ville se trouva envahie ; l'évêque Audoen, qui avait montré beaucoup d'acharnement contre Amauri, s'enfuit avec tout son clergé et les gens de sa maison, de peur d'être tué. En effet, les meubles de l'évêché furent pillés; on emporta tout, même les livres et les ornements. La contrée environnante fut soumise par la force des armes.

L'année suivante (1119), Henri Ier, voulant châtier lui-même les révoltés, marche sur Breteuil, qui lui ouvre ses portes après quelques jours de siége. De là, le roi d'Angleterre vint faire le blocus de la ville d'Evreux.

Après de nombreux et inutiles assauts, Henri s'aperçut enfin que le seul moyen de soumettre les rebelles serait de brûler la place. L'évêque Audoen, qui s'était réfugié auprès du prince, eut la faiblesse de consentir à l'emploi de cet affreux moyen. Aussitôt Raoul de Guader mit le feu à la ville, du côté du nord. Les flammes, favorisées par une grande sécheresse, enveloppèrent rapidement toute l'étendue de la cité. La cathédrale, l'abbaye de Saint-Sauveur, tous les principaux édifices, et un nombre considérable de maisons, furent dévorés par l'incendie.

Malgré tant de ravages, le roi d'Angleterre ne put se rendre maître du château. Enfin, dans les premiers jours du mois de novembre suivant, Henri, après un siége aussi long que meurtrier, consentit à laisser le comté d'Evreux à Amauri, qui, de son côté, remit aux mains du prince la forteresse de cette ville.

A cette même époque, le pape Calixte II et le roi Henri eurent ensemble une entrevue à Evreux.

Amauri, rentré dans l'héritage de ses pères, en fut de nouveau dépouillé par Henri, en 1124, pour avoir pris part au soulèvement de la noblesse normande, qui voulait replacer sur le trône le jeune Guillaume Cliton, dernier rejeton de la branche aînée de nos ducs.

Redevenu ainsi maître de la ville et du comté d'Evreux, Henri Ier s'empressa de réparer les malheurs dont cette contrée avait été victime. Par ses pieuses libéralités et celles des grands de sa cour, la cathédrale et toutes les églises d'Evreux se relevèrent de leurs ruines, plus riches et plus brillantes qu'elles ne l'avaient jamais été. La cathédrale fut rebâtie avec tant de luxe et d'élégance, que le continuateur de Guillaume de Jumièges affirme (page 309) qu'elle surpassait en beauté presque toutes les autres églises de la Normandie.

Après le rétablissement de la paix, l'évêque Audoen revint à Evreux, et y consacra, en 1127, l'église de l'abbaye de Saint-Sauveur, qui déjà se trouvait entièrement rebâtie.

Ce fut aussi vers cette même année 1127, que le comte Amauri, ayant obtenu sa grâce du roi d'Angleterre, rentra en possession du comté d'Evreux.

La cathédrale ne fut entièrement terminée qu'en 1137. L'évêque Audoen, mort le 2 juillet 1139, en avait dirigé tous les travaux jusqu'au toit.

Amauri II de Monfort laissa, en mourant, plusieurs enfants, entr'autres Amauri IIIe du nom. Ce dernier posséda le comté d'Evreux, et eut souvent à lutter contre les sires de Conches et de Breteuil, qui, plus d'une fois, portèrent la désolation et le meurtre jusque dans les faubourgs de la ville d'Evreux. Amauri III mourut en 1140, sans avoir formé d'alliance. Ses nombreux domaines passèrent alors à Simon III de Montfort, son frère, surnommé *le Chauve.*

Le comte Simon, malgré son extrême bonté, eut également à soutenir de nombreuses luttes contre l'audace et les envahissements de ses voisins. *Une ancienne enquête, conservée au dépôt des chartes,* dit M. Masson de Saint-Amand, *nous en fournit la preuve, par le trait suivant, dont on regrette que la date ne soit pas connue :* « *Comme* « *au temps (y est-il dit) du bon comte Simon,* « *qui eut le comté d'Evreux, il fut venu une si* « *grande quantité de gens d'armes en la ville* « *d'Evreux, qu'elle fut prise, et tant que ledit*

« *comte se retrahit en la tour du châtel d'Evreux;*
« *et lors vinrent les bourgeois demourans à la*
« *porte du châtel, et la gardèrent tellement, que*
« *par eux ledit châtel fut sauvé. Plusieurs bour-*
« *geois y moururent de faim, et quand ils étoient*
« *morts on les mettoit aux guarites tout armés*
« *pour faire signe que le châtel étoit bien garni.... »*

Le comte Simon était fort estimé de Henri **II**,
roi d'Angleterre, qui, de temps à autre, venait
séjourner à Evreux. Ce prince était dans cette
ville, lorsqu'à la fin de 1154, il reçut l'avis de
l'entrée soudaine des troupes du roi de France,
Louis VII (le Jeune), dans le Vexin. Henri part
d'Evreux, arrive à Vernon, passe le pont, et déjà
marchait à la rencontre de son adversaire, lorsqu'un faux rapport lui fait quitter sa route pour le
diriger sur Verneuil.

Amauri IV de Montfort, fils aîné de Simon,
reçut en héritage le comté d'Evreux, après la mort
de son père, arrivée en 1181. Toutefois, les évé-
nements politiques qui ne tardèrent pas à éclater,
l'empêchèrent de jouir de tous ses droits.

En effet, la garnison anglaise qui occupait alors
Evreux ne lui ayant pas permis de prendre possession de cette ville, Amauri dut se contenter des
biens territoriaux du comté, et attendre des circonstances plus heureuses.

En 1193, Jean de Mortain, gouverneur de la
ville d'Evreux pendant l'absence de Richard Cœur-
de-Lion son frère (alors occupé à guerroyer
dans la Palestine), traita avec Philippe-Auguste,
roi de France. Ce dernier lui offrit en mariage
Alix de France, que déjà il avait fiancée à
Richard, en 1185, à Gisors. Le perfide comte de
Mortain, devenu depuis si célèbre sous le nom
de Jean-sans-Terre, ne rougit pas de trahir son
frère, son roi et sa patrie, comme il avait jadis
trahi son père. Il abandonna, pour prix de son
alliance, et moyennant une somme de mille marcs
d'argent que lui donna Philippe, Gisors et le
Vexin normand, Verneuil, Evreux, tout le pays
situé sur la rive droite de la Seine (à l'exception
de Rouen), et, en outre, plusieurs places en
Touraine. La ville d'Evreux, proprement dite,
resta en apparence soumise à Richard, et Jean
de Mortain en demeura gouverneur; mais la citadelle fut livrée à Philippe, qui y plaça une forte
garnison.

Richard, instruit de ce qui se passait, se hâta,
au mois de mars 1194, de rentrer dans ses états.

Effrayé alors du retour de son frère, l'infâme
Jean de Mortain crut ne pouvoir mieux calmer
sa trop juste fureur, qu'en ayant recours au plus
affreux moyen..... Resté, ainsi que nous venons de

le dire, gouverneur de la ville d'Evreux, il invita habilement à un festin tous les soldats et officiers français que Philippe avait laissés dans la forteresse de cette ville. Rassemblés dans un seul et même palais, où ils furent cordialement et joyeusement enivrés, ces infortunés périrent tous, impitoyablement massacrés par une troupe d'Anglais que le frère de Richard avait secrètement apostés à ce sujet. Trois cents têtes, placées chacune au sommet d'une pique, furent promenées en triomphe par les rues de la ville, et ensuite attachées à des poteaux, sur les plus hautes tours des remparts.

A cette horrible nouvelle, Philippe, enflammé de rage, tomba comme la foudre sur la malheureuse ville d'Evreux. La plupart des habitants, surtout les Anglais, furent égorgés. Le roi de France ne se retira qu'en laissant derrière lui un monceau de cendres (28 mai 1194).

L'année suivante (1195), la ville fut rebâtie par Richard Cœur-de-Lion, qui, par traité conclu à Louviers avec Philippe-Auguste, le 14 janvier 1196, stipula que le comte Amauri IV de Montfort rentrerait en possession de cette ville, domaine de ses pères, avec liberté au roi de France d'y placer garnison quand il le jugerait convenable.

Cette trève fut bientôt voilée et suivie d'une

nouvelle guerre. Au mois de septembre 1198, les deux compétiteurs en vinrent aux mains entre Gisors et Courcelles ; Philippe fut vaincu. Furieux de cet échec, il s'en vengea en se jetant tout-à-coup sur la ville récemment rebâtie. Il prit Evreux d'assaut, le pilla, le saccagea, et, pour mieux assouvir sa rage, le livra aux flammes une seconde fois.

Enfin, un nouveau pacte venait d'être signé, lorsque, le 6 avril 1199, Richard Cœur-de-Lion fut frappé par la mort.

La guerre se ralluma aussitôt entre le roi de France et l'infâme Jean-sans-Terre, usurpateur du duché de Normandie.

A la tête d'une puissante armée, mais presque sans coup-férir, Philippe s'empara de tout le comté d'Évreux.

Effrayé, le lâche Jean proposa une trève au vainqueur, et, par un traité conclu le 22 mai 1200, dans l'île du Goulet près Vernon, lui céda la ville et le territoire d'Evreux. Le comte Amauri renonça, pour lui et ses descendants, à toute espèce de prétentions sur ce domaine, et se retira en Angleterre, où Jean lui donna, à titre de dédommagement, le riche comté de Glocester.

De son côté, pour la cession du comté d'Evreux, Philippe-Auguste remit à Jean-sans-Terre un assez forte somme d'argent, et consentit à ce que son fils, depuis roi de France sous le nom de Louis VIII, acceptât la main de Blanche de Castille, nièce du même Jean.

En 1204, le domaine de la vicomté d'Evreux fut remis, à son tour, aux mains de Philippe-Auguste, par Roger de Meulan, qui en était propriétaire.

En 1231, après les fêtes de son mariage avec Marguerite de Provence, le roi saint Louis vint, avec la jeune reine, visiter le château de Pacy-sur-Eure, puis la ville d'Evreux, d'où il se rendit à Bernay.

Après la mort de Blanche de Castille, sa vertueuse et intelligente mère, ce prince hérita du comté d'Evreux, et le réunit au domaine royal.

En 1259, il vint, pour la seconde fois, visiter le château de Pacy et la ville d'Evreux. Le 19 octobre, il assista, dans l'église abbatiale de Saint-Taurin, au sacre de l'évêque Raoul de Grosparmy. Le monarque était alors accompagné de ses deux fils aînés, les princes Louis et Philippe, de plusieurs grands du royaume, et d'un certain nombre d'archevêques et d'évêques.

A cette même époque, Jean de Garencières, chevalier, jeta sur le territoire d'Evreux (*in suburbio Ebroïcensi*), les fondements d'un couvent de frères mineurs, de l'ordre de Saint-François.

En 1266, l'évêque Raoul de Chévrier établit, dans le lieu où elle était encore à l'époque de la révolution, la paroisse Saint-Denis d'Evreux, qui avait d'abord été fondée dans la cathédrale.

En 1273, le roi Philippe III (le Hardi), voulant accomplir les intentions de saint Louis son père, établit à Evreux, dans les basses-cours de l'ancien château, un couvent de frères prêcheurs, de l'ordre de Saint-Dominique. L'église de ce couvent fut consacrée par l'évêque Philippe de Chours.

En 1276, la ville et le comté d'Evreux furent distraits du domaine royal, et donnés en apanage à Louis de France, fils puîné de Philippe-le-Hardi.

Le prince Louis mourut le 19 mai 1319. Ses armes étaient un *champ d'azur, semé de fleurs de lys d'or, au bâton compassé d'argent et de gueules.* La ville d'Evreux adopta ces armes pour siennes, et les a conservées jusqu'à la révolution de 1830.

En 1297, l'évêque d'Evreux, Nicolas d'Autheuil, accorda à noble dame Alix de Mergiers, directrice de l'abbaye de Saint-Sauveur, la singulière permission de jouir du divertissement de la chasse au cerf, dans les bois d'Arnières : *privilége dont la très digne abbesse et ses religieuses usèrent avec joie, en la compaignie du grand veneur messire Guillaume d'Ivry, de messire Thomas de Saint-Pierre, etc.*

Nicolas d'Autheuil étant mort l'année suivante, Geoffroy de Bar, prêtre aussi savant que recommandable par sa piété et ses vertus, fut choisi pour le remplacer sur le siége épiscopal. Le nouveau prélat s'occupait de rétablir dans l'abbaye de Saint-Taurin la discipline et les mœurs, lorsque tout-à-coup il vint aussi à mourir. Sa perte causa un deuil général dans le diocèse d'Evreux, mais les moines de Saint-Taurin, animés de l'esprit de vengeance, se précipitèrent sur son cercueil, qui avait été déposé dans leur église. Ayant dépouillé le cadavre, ils le couvrirent d'ordures et le frappèrent indignement à coups de verges. La justice séculière intervint, mais le crime demeura impuni.

Au mois d'août 1299, l'évêque d'Evreux Mathieu des Essarts dédia, en l'honneur du roi saint Louis, l'église des frères prêcheurs (*Dominicains*); établis en cette ville par Philippe-le-Hardi. C'est la première de toutes les églises du monde catholique qui ait été consacrée sous le vocable du saint roi.

En 1326, le comté d'Evreux fut érigé en pairie, en faveur de Philippe, fils du prince Louis. Devenu roi de Navarre, en 1316, par son mariage avec Jeanne de France, fille unique de Louis X (le Hutin), roi de France et de Navarre, et de la célèbre Marguerite de Bourgogne (première

femme de ce monarque), Philippe d'Evreux mourut à Xérès, le 16 septembre 1343, à l'âge de 42
ans, après quatorze années et demie d'un règne
marqué par des bienfaits. Ce prince aimait beaucoup à habiter Evreux. Ce fut la reine Jeanne,
sa femme, qui fit construire, entre les années 1325
et 1331, sur les bords de l'Iton, et non loin de la
ville, un magnifique palais, auquel, en souvenir
du beau pays dont elle partageait le trône, elle
donna le doux nom de Navarre [1].

---

[1] C'est sur l'emplacement de ce palais, situé à une demi-lieue
d'Evreux, sur la route de Caen, que fut construit, en 1686,
par Godefroi-Maurice de la Tour-d'Auvergne, duc de Bouillon,
fils de l'échangiste, le château appelé également *Navarre*, qui
existe encore, et qui captive l'attention des étrangers. Exécutés
d'après les plans de J.-H. Mansard, et sur le modèle du château de Marly, les travaux de construction, poussés avec une
extrême activité, furent terminés en 1690. L'édifice consiste en un
grand corps de bâtiment carré, dont les quatre faces, auxquelles
on accède par une double rampe, sont parfaitement uniformes.
Il est environné d'un double talus, en forme de terrasse, élevé
d'environ huit pieds au-dessus d'une esplanade, qu'environne, à
son tour, un canal d'eau vive. On entre dans le château par
quatre vestibules soutenus par de belles colonnes. Au centre, se
trouve un vaste salon de forme ronde, pavé de fort beau marbre,
et décoré de bustes antiques, de bas-reliefs, etc. A la naissance
de la voûte, cette magnifique pièce est ornée d'une corniche d'un
travail admirable; le jour y pénètre par les vitrages des vestibules
et par les grandes fenêtres placées dans la calotte du dôme qui
la recouvre. Le château de Navarre, aujourd'hui dans un état
affligeant de dégradation, doit à la beauté des forêts et des eaux
limpides qui l'entourent, des charmes que l'art chercherait en vain

CHATEAU DE NAVARRE.

Ransch del

Schroeder sc.

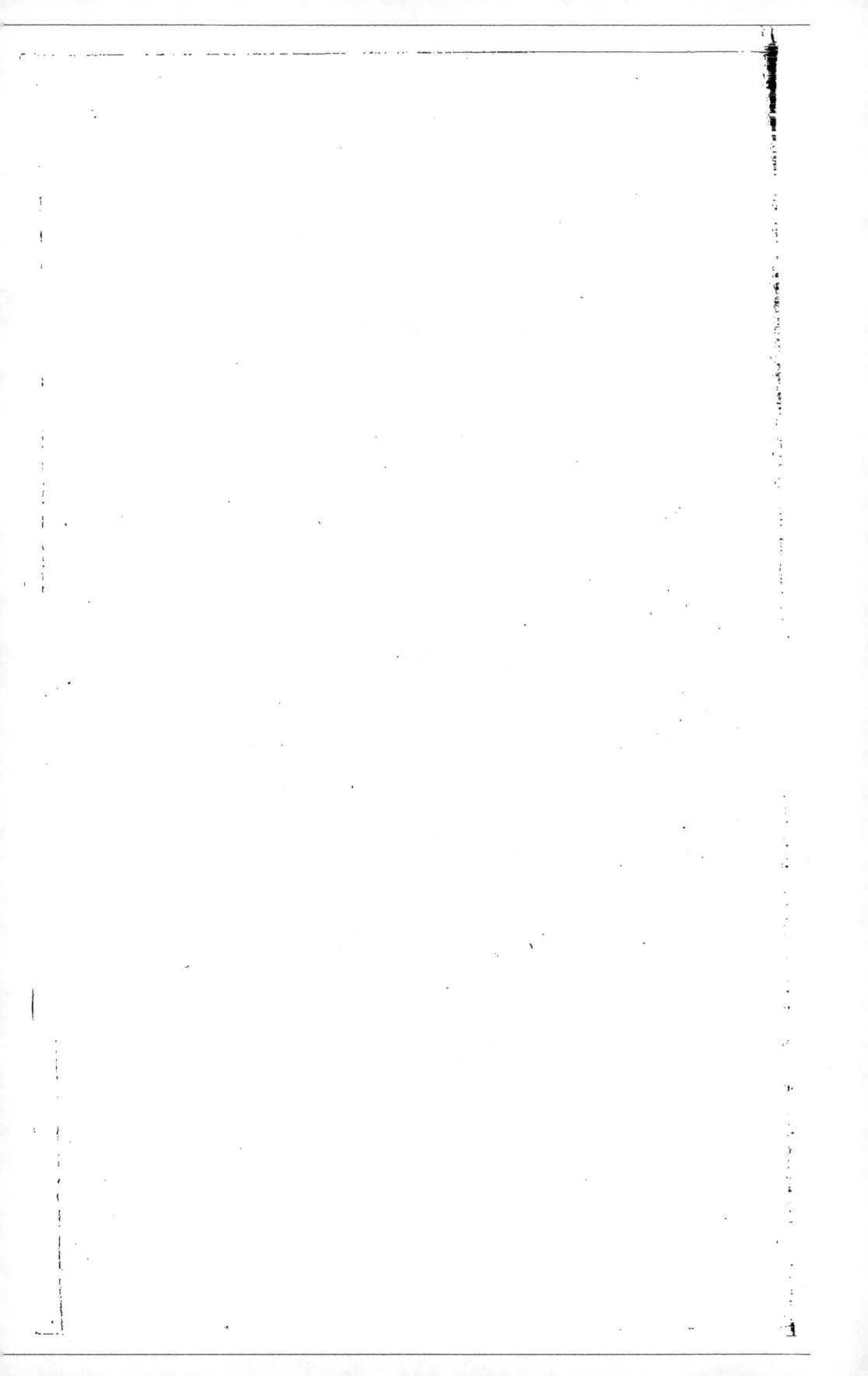

En 1335, Geoffroi Faré, évêque d'Evreux, fit plusieurs donations importantes à la Cathédrale de cette ville. A ses frais, le chœur fut considérablement augmenté et richement décoré.

En 1346, lors de la descente d'Edouard III, roi d'Angleterre, la ville d'Evreux, encore entourée de bastions et de murailles en assez bon état d'entretien, fut abondamment pourvue d'hommes, d'armes et de vivres, par les soins de la reine Jeanne. C'est pourquoi les Anglais *passèrent*

à produire ailleurs. L'état d'abandon dans lequel on a laissé ce délicieux séjour, ajoute encore à la mélancolie dont on se sent saisi à l'ombre de ces vieux arbres chantés par Fontanes et par tant d'autres poètes. Les jardins, dessinés par Le Nôtre, étaient magnifiques; mais, aujourd'hui, tout ce qui était l'ouvrage des hommes a péri dans ces riants bosquets: les vases, les statues, les temples, sont gisants sous l'herbe; le lierre tapisse maintenant les élégantes colonnades, et le reptile s'est établi dans les salons resplendissants autrefois de l'éclat des miroirs et des pierreries. Dans ces allées de lauriers et de roses, où Turenne et Napoléon, lassés de conquêtes, venaient se reposer de leurs victoires, les coassements des corbeaux ont maintenant remplacé les accords mélodieux des guitares et le joyeux délire des violons. Napoléon, devenu empereur, ayant, à l'époque de son divorce, acquis, pour son domaine privé, Navarre et quelques-unes de ses dépendances, fit don de ce beau domaine à l'impératrice Joséphine. C'est là que cette infortunée princesse vint ensevelir ses chagrins; c'est là qu'elle passa les dernières années d'une vie orageuse, et pleura long-temps son veuvage anticipé. Non moins bonne dans l'adversité qu'au faîte des grandeurs, Joséphine a laissé dans cette retraite tous les souvenirs de grâces et de bienfaisance qui s'attachaient à sa personne. En 1833, Navarre *outre*, dit le chroniqueur Froissard, *et vinrent à une grosse ville en Normandie que l'on clame Louviers, ville non fermée, et où se faisoit la plus grande plante de draperie, et étoit grosse et riche et moult marchande. Si fut toute courue, robbée, pillée sans déport, et y conquirent les Anglois grand avoir...*

Après la mort de Philippe d'Evreux et de Jeanne de France, Charles de Navarre, leur fils, devenu depuis si célèbre sous le nom de Charles-le-Mauvais, fut roi de Navarre, comte d'Evreux, seigneur de Mantes, de Meulan, de Montpellier, etc. Il était né à Evreux en 1332. Ce fut l'un des plus horribles fléaux de l'humanité ; l'histoire de sa vie

était encore la propriété de son petit-fils le duc de Leuchtemberg. Ce dernier, par ordonnance du roi Louis-Philippe d'Orléans, en date du 6 février 1834, a été *autorisé à vendre les biens qui composent le domaine de Navarre.* Cette vente a eu lieu, au mois de mai suivant, et un marquis d'Auvet est devenu propriétaire du patrimoine des Bouillon...

Le domaine de Navarre, estimé de nos jours à 260,000 livres de rente, avait été aliéné en 1462, par ordre exprès de Louis XI. Ricard de Givry, sieur de Boygencelin, en devint alors propriétaire, *pour le prix et somme de 315 livres, qu'il paya comptant...* Cette vente fut ratifiée le 9 septembre de la même année. C'est à la place de ce château, *consistant*, dit un ancien manuscrit de l'abbaye du Bec, *en une maison royale, revêtue de grosses et petites tours, avec chapelle et revestière, jardins, viviers et garenne*, que fut construit, en 1686, ainsi que nous l'avons dit plus haut, le château qui existe encore. (*Voyez la gravure.*)

est assez connue, pour que nous nous dispensions
d'en parler ici avec plus de détails. Nous nous
bornerons à dire que cet infâme prince vint souvent habiter Evreux ; il y portait chappe dans la
Cathédrale, avec une couronne de fleurs sur la
tête, et à la main un bâton décoré de guirlandes
et des images des apôtres ; fondait des hôpitaux,
des confrairies et des messes ; donnait au clergé et
au peuple des fêtes pleines de pompe et de magnificence, et, durant ce temps-là, correspondait
journellement avec le roi d'Angleterre, en l'invitant
à venir en France.

Enfin, le roi Jean II (surnommé le Bon) résolut de faire échouer les monstrueux projets de son
ambitieux vassal. Venu à Caen vers la fin du mois
de novembre 1354, le prince français donna ses
ordres pour la saisie et prise de possession de
toutes les terres et villes appartenant au roi de
Navarre. Plusieurs places se soumirent; mais
Evreux, Pont-Audemer et Cherbourg résistèrent
avec une inconcevable opiniâtreté.

Au mois d'avril 1356, le roi de France dirigea
sa marche sur Evreux. Philippe d'Evreux, frère
du roi de Navarre, et Geoffroi d'Harcourt, toujours persévérants dans leur rébellion, étaient alors
en cette ville ; instruits du coup qui venait de
frapper leurs compagnons (lors du dîner de Rouen)

et du sort qui les menaçait eux-mêmes, ils s'enfuirent précipitamment, sans prendre les précautions suffisantes pour assurer Evreux contre les troupes françaises, qui approchaient à grands pas. L'officier qui commandait la place, se voyant dans l'impossibilité de résister, prit le parti de se retirer dans la forteresse; mais, voulant anéantir derrière lui toute ressource pour l'ennemi, il fit mettre le feu à la ville.

L'entrée du roi Jean à Evreux fut éclairée par les flammes; on eut beaucoup de mal à arrêter les progrès de l'incendie, et aussi à faire cesser le tumulte. Le roi nomma gouverneur d'Evreux le vertueux Oudart de Montigni, grand-bailli de cette ville. C'est la première fois qu'il est question de cette dignité municipale à Evreux. Peu de temps après, le même prince institua Oudart gouverneur (*châtelain*) de la forteresse, qui, dépourvue de tous moyens de résistance, n'avait pas tardé à être évacuée par les troupes navarroises.

L'année suivante (1357), Philippe de Navarre, battu à Saint-Sauveur-le-Vicomte par les troupes du Dauphin de France, vint, avec Carnole, capitaine anglais, se jeter dans la forteresse d'Evreux, dont Guillaume de Graville, (fils du seigneur décapité à Rouen), s'était saisi récemment, en assassinant, de la manière la plus lâche, le gouverneur Oudart.

Vers le milieu du mois de décembre de la même

année, Charles-le-Mauvais, échappé de sa prison, revint à Evreux concerter de nouveaux plans et prendre de nouvelles mesures.

La cathédrale, l'évêché, l'abbaye de Saint-Taurin et un faubourg de la ville d'Evreux, ayant été, en grande partie, réduits en cendre lors de l'embrasement de 1356, le siége épiscopal fut momentanément transféré à Vernon. Il n'était resté à Evreux que quatre chanoines. Enfin, on commença à travailler à la cathédrale en 1363, malgré les troubles qui agitaient encore ce malheureux pays.

Au mois de mai 1364, le célèbre Bertrand Duguesclin se présente devant Evreux, qui refuse de lui ouvrir ses portes et le contraint à passer outre.

Peu de jours après, le roi de Navarre, ayant envoyé Guillaume de Graville protéger les abords du terrain, du côté de Conches, confia la garde d'Evreux à Michel d'Orgey.

Ce ne fut qu'en 1378, que le connétable Duguesclin parvint à se rendre maître d'Evreux. Le siège fut long et meurtrier; il laissa des traces déplorables, de pénibles souvenirs.

Alors, le comté d'Evreux et tous les biens que possédait en France le roi de Navarre, furent confisqués au profit du trésor, ou réunis au domaine de la Couronne.

Charles-le-Mauvais ayant, enfin, le 1er janvier

1386, terminé à Pampelune son odieuse existence, l'aîné de ses fils, Charles III (dit le Noble), réclama long-temps, mais en vain, la restitution du comté d'Evreux. Il y renonça en 1404, et reçut, en échange, la seigneurie de Nemours, qui fut alors, en sa faveur, érigée en duché-pairie par Charles VI. Il reçut, en outre, plusieurs autres places et seigneuries jusqu'à la concurrence de 12,000 livres de rente foncière, et de plus, en deniers comptants, la somme de 200,000 écus d'or, marqués au coin de France.

Charles-le-Noble, qui se fit remarquer par un grand nombre d'excellentes qualités, était né à Evreux, et avait été baptisé en cette ville, en 1361. Son excellente mère, Jeanne de France, femme aussi vertueuse que son époux était pervers, était morte à Evreux, au château de Navarre, le 3 décembre 1373.

En 1411, la ville d'Evreux s'était beaucoup augmentée et embellie, mais, le 20 mai 1418, elle fut obligée de se soumettre à Henri V, roi d'Angleterre, dont les troupes pillèrent les églises et l'évêché. Les habitants d'Evreux, qui aimaient beaucoup leur prélat (Guillaume de Cantiers), ayant voulu réprimer le désordre, furent regardés comme des mutins et des séditieux ; ils se virent obligés de se racheter eux-mêmes du pillage, par composition faite avec le duc de Lancastre, le 19 juillet suivant.

Enlevé aux Anglais, en 1424, par les troupes françaises, Evreux, avec tout le comté, fut donné, par Charles VII, à Jean Stuart, sire d'Aubigni, connétable d'Ecosse. Peu de temps après, Jean Stuart fut tué, en défendant cette place contre les Anglais, qui s'en emparèrent de nouveau.

Malgré les ravages de la guerre, les travaux d'art ne furent pas suspendus à Evreux. Aux dépens du chapitre, au moyen de quelques offrandes, et surtout par les soins de l'évêque Martial Fournier, la riche et belle cathédrale de cette ville fut entièrement réparée; tout était terminé en 1435.

En 1439, les Français reprirent Evreux pour la seconde fois; mais, l'année suivante, les Anglais le reprirent à leur tour.

Enfin, au mois d'octobre 1441, Robert de Flocques, gouverneur de Conches, s'empare de Beaumont-le-Roger et de la ville d'Evreux, dont il taille en pièces la garnison anglaise. Bientôt les forteresses de Verneuil, Conches, Pont-Audemer, Vernon, etc., rentrent, par les exploits de ce héros, sous la domination légitime.

Dans les derniers jours du mois d'août 1449, le roi Charles VII visita la ville d'Evreux. Il venait de Verneuil et se rendait à Louviers.

En 1465, Evreux, qui avait embrassé le parti du
duc de Berri, et commençait à jouer un rôle assez
important dans la guerre dite *du Bien-public*, fut
obligé, ainsi que Vernon, de se soumettre au duc
de Bourbon, l'un des lieutenants - généraux de
Louis XI. Le roi vint lui-même à Louviers, et
alla prendre Pont-de-l'Arche.

Entre les années 1466 et 1469, le même roi
Louis XI, à la prière de son favori le célèbre cardinal de La Balue, alors évêque d'Evreux, fit faire
de nombreux travaux à la cathédrale de cette ville.
C'est à ses frais que fut construit le dôme octogone
(appelé *la lanterne*), sur lequel s'élève une superbe
tour, que termine une flèche élégante, percée à
jour et revêtue de plomb. Le roi fit construire
encore la sacristie, la belle chapelle de la *Mère
de Dieu* (derrière le chœur), etc., etc.

En 1481, le palais épiscopal, qui tombait en
ruines, fut rebâti aux frais et par les soins de
l'évêque Raoul du Fou.

Le jour de la fête de Dieu 1508, la ville d'Evreux
jouit d'un de ces spectacles que nos pères recherchaient avec tant d'avidité : on y représenta, sur
un théâtre élevé exprès au milieu d'un carrefour,
*les mystères de la Passion de nostre Sauveur et
Seigneur Jésus-Christ.*

En 1515, le chapitre général des Jacobins, composé de plus de deux cents moines, se tint à Evreux. La ville leur donna 5o livres *pour leur ayder à vivre.* Précédemment, elle avait donné 10 livres à un cordelier, prédicateur du Carême, à l'effet de lui avoir une robe de drap, et pour que les bourgeois fussent *participans et associez ès prières du dict père religieux.*

Quelques mois après, le duc d'Alençon étant venu à Evreux, les officiers municipaux lui firent présent de *deux demi-queues de vin de Beaune, du prix de 24 livres;* de *deux autres demi-queues de vin clairet du même pays, du prix de 22 livres;* et, enfin, de *deux muids de vin d'Auxerre, du prix de 17 livres.*

Cette même année 1515, l'église paroissiale de Saint-Pierre d'Evreux fut consacrée par l'évêque de Thessalonique.

Par édit du 17 septembre 1540, François Ier voulut faire à Evreux un essai de l'Inquisition, que le pape Paul III l'engageait à établir en France. Le couvent des Dominicains de cette ville fut choisi pour être, en Normandie, le point central de tous les autres tribunaux de la nouvelle judicature; mais bientôt les habitants d'Evreux s'unirent au reste de la province, pour repousser cet exécrable tribunal. On a long-temps conservé à Evreux un sceau en cuivre, à poignée, qui avait servi à l'expédition du petit nombre de décrets émanés de ce terrible aréopage. Les prisons de l'Inquisition existaient encore également, à Evreux, quelque temps avant la démolition des couvents.

Entre les années 1549 et 1574, Gabriel Le Veneur (premier évêque français nommé par le roi) fit reconstruire, à ses frais, une portion de la cathédrale d'Evreux, qui avait été consumée par le feu, et notamment quelques-unes des chapelles qui entourent la nef.

En 1550, le roi de France Henri II, accompagné de la reine Catherine de Médicis, vint visiter la ville d'Evreux, où il fit une entrée brillante, et laissa plusieurs preuves de bienveillance et de générosité.

En 1565, dans le moment des fureurs du Calvinisme, l'abbaye de Saint-Taurin fut pillée, les reliques furent profanées.

En 1569, le roi de France Charles IX donna au duc François d'Alençon, son frère, le comté-pairie d'Evreux, en dédommagement de celui de Gisors. Evreux fut alors érigé en duché, puis de nouveau réuni au domaine royal, pour punir le prince François de sa trahison. Cependant, Henri III le rendit à ce dernier, en 1575 ; mais le duc d'Alençon n'en jouit pas long-temps : il mourut sans postérité en 1584, et le domaine d'Evreux retourna encore une fois à la Couronne.

En 1585, les villes d'Evreux, Louviers, Vernon, etc., se déclarèrent en faveur de la *sainte Ligue*.

Toutefois, en 1590, Evreux fut forcé d'ouvrir ses portes aux troupes de Henri IV, commandées par Biron.

En 1603, le Béarnais, revenant de parcourir les principales villes de la Normandie, passa par Evreux, et y séjourna deux jours, logé dans le palais épiscopal.

En 1609, l'évêque Guillaume de Péricard fit reconstruire à Evreux l'abbaye de Saint-Sauveur.

A cette époque, le fameux ministre de Henri IV, Sully, était, quoique protestant, abbé commandataire, ou, si l'on aime mieux, usufruitier de l'abbaye de Saint-Taurin d'Evreux.

En 1612, Guillaume de Péricard fonda, à Evreux, un couvent de Capucins, et, en 1623, une maison d'Ursulines cloîtrées.

Durant les troubles de la Fronde, la ville d'Evreux fut assiégée et soumise par les troupes du roi Louis XIII.

En 1642, l'abbaye de Saint-Taurin subit la réforme de Saint-Maur. Dès 1617, on y avait introduit de nombreuses améliorations.

En 1649, Evreux, Conches, Breteuil et Beaumont-le-Roger, avaient été de nouveau aliénés du domaine royal (en faveur du comte de Maure et de

Réné de Longueil-de-Sesmaisons, intendant des Finances). Evreux était même redevenu simple comté, lorsque Louis XIV, par lettres-patentes données à Paris le 10 mars 1651, le transporta, avec toutes ses dépendances, à Frédéric-Maurice de la Tour-d'Auvergne, duc de Bouillon, vicomte de Turenne, etc., en échange de la principauté de Sédan et de Raucourt, que Frédéric céda à la Couronne. L'acte d'échange fut contracté le 20 du même mois.

En 1668, Casimir V, roi de Pologne, doté par Louis XIV des abbayes de Saint-Germain-des-Prés et de Saint-Taurin d'Evreux, vint en personne prendre possession de cette dernière.

Le 27 septembre 1750, mourut le duc Louis-Abraham d'Harcourt, commandeur de l'ordre du Saint-Esprit, abbé de Saint-Taurin d'Evreux.

Le dernier propriétaire du comté d'Évreux, le dernier duc de Bouillon mourut, sans enfants, à Evreux, le 18 pluviôse an x. Ses biens avaient été confisqués révolutionnairement. Une loi du corps législatif, du 8 floréal an 11, avait déclaré que l'échange de 1651 n'ayant point été accompagné *des formalités prescrites alors*, le comté d'Evreux devait rentrer au domaine de la Nation.

A l'époque de la première révolution, Buzot, homme recommandable par ses talents, la sévérité

de ses mœurs et la noblesse de son caractère, fut
chargé par la ville d'Evreux de la représenter aux
États-généraux et ensuite à la Convention. Le parti
des Montagnards ayant triomphé, au 31 mai,
Buzot fut proscrit avec plusieurs autres de ses
collègues, et, plus tard, mis hors la loi. Ces pros-
crits se réfugièrent à Evreux et à Caen, où ils espé-
raient réunir autour d'eux une majorité de Français
royalistes et indépendants, et établir un gouvernement capable d'anéantir le régime de la terreur.
Le 4 juin 1793, le conseil-général de l'Eure, séant à
Evreux, réunit autour de lui deux membres de chaque
administration de district, sous prétexte de maintenir
la liberté et de défendre la Convention, dominée par
la commune de Paris. Des corps armés du Calvados
et d'Ille-et-Villaine arrivèrent à Evreux, pour soutenir les insurgés. Cependant, la Convention ins-
truite de ce qui se passait, rassembla des troupes,
et se disposait à user de rigueur contre la ville
d'Evreux, lorsque la défection des troupes corrom-
pues du vertueux et intrépide comte de Puisaye,
et le canon tiré à Brécourt, vinrent effrayer les
bourgeois. Tous abandonnèrent leurs chefs, et
rentrèrent à Evreux, qui fit aussitôt partir une
députation au-devant des commissaires envoyés par
la Convention.

Le 29 octobre 1802, Napoléon Bonaparte, alors

premier consul, visita la ville d'Evreux. Il venait de parcourir la plaine d'Ivry, où il ordonna de relever la pyramide destinée à conserver le souvenir de la bataille de Henri IV; ce qui fut exécuté deux ans après.

Depuis l'époque de la rentrée de Louis XVIII, en France (1815), jusqu'à celle de la chute de Charles X (1830), la ville d'Evreux s'est considérablement embellie. C'est dans cet intervalle qu'ont été faites à l'évêché, à la cathédrale, à la préfecture, à l'hospice-général, au grand et au petit séminaire, à toute la ville enfin, les nombreuses réparations, augmentations et fondations qui aujourd'hui permettent de compter Evreux au rang de nos cités les plus agréables, par leur situation pittoresque, la salubrité de leur emplacement et l'aménité de leurs habitants.

En effet, l'hospice-général dont nous parlons est un magnifique local digne de l'attention du voyageur. La première pierre de la chapelle de cet hospice fut posée le 12 mai 1824, par S. A. R. Madame la duchesse d'Angoulême.

L'hôtel de la préfecture, acquis en 1823, est charmant; il est environné d'un fort beau jardin.

La salle de spectacle, construite en 1812, sur l'une des plus jolies promenades de la ville, mérite également d'être visitée; il en est de même du jardin botanique de la ville, dont les serres chaudes, les plantes étrangères, les bosquets et l'heureuse distribution, présentent à l'amateur des objets d'agrément et d'instruction. C'est sur une portion de ce même jardin que s'élève la bibliothèque publique, contenant près de 11,000 volumes choisis, et une magnifique collection d'objets antiques et d'histoire naturelle.

Le monument le plus remarquable d'Evreux, pour son antiquité, est l'ancien couvent de Saint-Taurin. On y trouve, dans le mur méridional de l'église, de nombreux vestiges des premières constructions. Ces élégantes arcades romanes, séparées par un fût moresque, et remplies de mosaïques d'un ciment rouge et bleu, appartiennent nécessairement à l'âge le plus reculé de l'architecture chrétienne.

La cathédrale possède de magnifiques vitraux des quatorzième, quinzième et seizième siècles. Le tour des chapelles présente une variété de sculptures gothiques de la plus grande richesse. Le chœur est admirable de hardiesse et d'élégance. Au-dessus du dôme *en lanterne* construit par Louis XI, s'élève un beau clocher de 81 mètres 42 centimètres de hauteur. Cette église, dont la longueur totale est de 108 mètres 87 centimètres, présente, du côté du nord, un portail fort curieux, et une façade aussi imposante par la solidité de sa masse que par la richesse de son style, extrêmement varié dans ses détails, délicat dans ses conceptions, fini dans son tout. (*V. la planche première*).

Parmi les différents objets que nous recommanderons ici à la curiosité du voyageur qui visite Evreux, nous ne devons pas oublier la grosse horloge de cette ville, dont la tour produit dans le paysage un effet si pittoresque et si gracieux [1].

Quant aux objets antiques trouvés à Evreux, ils

[1] C'est à tort que, dans le pays, on attribue aux Anglais la construction de cette tour; les faits suivants démentent complètement la tradition.

En 1408, on commença, à Evreux, dans l'enceinte d'un donjon appelé *la Tour Bende*, les travaux nécessaires pour assurer à la ville une horloge publique. Cette horloge, confectionnée par un mécanicien de Mantes, coûta 7 liv. 10 sous; son cadran fut acheté 100 sous. Elle commença à sonner les heures en 1412, et l'artiste qui l'avait *posée en son lieu et place*, eut, *pour l'entretenir de son métier*, la somme de 6 liv. par an.

Cette horloge n'ayant point répondu à l'attente des bourgeois, on en recommença une seconde en 1472. En 1481, Louis XI fit abattre l'ancienne tour à ses frais, et, en reconnaissance, la ville lui fit présent des *Contes de Bocace*, volume qui avait coûté cent sous. Pierre Moteau, d'Evreux, fut l'architecte et le directeur du nouvel édifice, qui étonne encore aujourd'hui par l'élégance, la légèreté et la délicatesse de sa construction. (*Voyez la gravure.*) Les degrés de l'escalier furent achevés en 1494, et la couverture, toute de plomb, fut posée en 1497. La bannière ou vanvole qui se trouve au haut du clocher, et qui a trois pieds et demi de long, coûta 50 sous. Le peintre, pour l'avoir dorée, avec la couronne, la pomme de l'épi et les fleurs de lis, ainsi que les seize girouettes du clocher, reçut 18 livres pour son labeur, et 8 liv. pour sa dorure. Les cadrans et les timbres que l'on voit aujourd'hui furent placés en 1620.

Rauch del   Schroeder sc

TOUR DE L'HORLOGE D'EVREUX.

consistent en tombeaux romains, médailles des
différents empereurs, amphores brisées, vases en
verre, armes funéraires, etc., etc. Si nous en
croyons le *Calendrier historique d'Evreux* pour
l'année 1759, il aurait été trouvé, en 1652, derrière le jardin de l'évêché et celui du doyenné, et
vers deux tours qui existaient encore alors de ce
côté, une grande quantité de pierres travaillées,
provenant des débris d'un ancien temple des payens,
entre autres des piscines, des colonnes, des in-
scriptions, des statues d'Hercule, de Diane, de
Vénus et de plusieurs autres divinités, ainsi que
beaucoup d'autres monuments antiques.

On remarque, dans les environs d'Evreux, les
vestiges de *Mediolanum Aulercorum*, capitale de
la république des Aulerques; les antiquités ro-
maines de la commune des Ventes; le bel aqueduc
de Damville, et la pierre druidique (*dolmen*) de la
forêt d'Evreux, entre le Haut-bois et Villalet.

La ville d'Evreux possède un Tribunal de pre-
mière instance et un Tribunal de commerce; une
Cour d'assises (relevant de celle de Rouen); une
Chambre consultative des manufactures ; une
Chambre des notaires; une Société de médecine et
de pharmacie; une Société libre d'agriculture,
sciences, arts et belles-lettres ; une Académie
Ebroïcienne; un Collége communal (jouissant des

avantages des colléges royaux); des Cours de botanique, physique, chimie, économie politique et
droit commercial.

Il se tient à Evreux, dont la population est aujourd'hui de 9,963 habitants, deux marchés hebdo-
madaires, le mardi et le samedi (*halle*). Il s'y tient
aussi plusieurs foires annuelles : 1º le 20 avril
(bestiaux); 2º le mardi de la Pentecôte; 3º le 16
juillet (*Saint-Eterne*), pour les bestiaux, merceries,
bijouteries, etc.; 4º le 11 août (*Saint-Taurin*), qui
dure huit jours, et où se vendent bestiaux, merceries, bijouteries, etc.; 5º le 18 septembre (*Saint-
Chrisostôme*), pour les bestiaux; et 6º le 6 décembre (*Saint-Nicolas*), pour les denrées et les bestiaux, notamment les porcs.

On compte, à Evreux, deux filatures à coton
(MM. Vatier et Lasnier); 800 métiers à coutils ou
à toiles de coton (existant, pour la plupart, dans
les campagnes voisines); 215 métiers à bonne-
teries; 4 tanneries et mégisseries; une papeterie,
deux fabriques de cardes et une curanderie. Dans
le résumé de la statistique industrielle de l'arrondissement d'Evreux pour 1827, on trouve 294
établissements, occupant 8,766 ouvriers, et pro-
duisant une somme de 7,368,000 fr.

Parmi les hommes célèbres nés à Evreux, nous
remarquons : 1º le trop célèbre Charles-le-Mauvais,

roi de Navarre; 2º le prince Charles, son fils,
également roi de Navarre, modèle de bonté et de
vertus; 3º Robert de Flocques, l'un des plus
grands guerriers du règne de Charles VII; 4º Tri-
boulet, le fou de François Iᵉʳ, presque aussi
renommé que son maître, etc., etc. [1]

[1] Evreux compte au nombre de ses enfants une foule de personnages chers aux sciences et aux arts. Parmi ces derniers, nous
devons citer :

Guillaume, dit d'*Evreux*, prieur de Sainte-Barbe-en-Auge,
en 1128, compositeur de musique et littérateur; *Mathieu
d'Evreux*, dominicain, né vers 1369; *Delamarre* (Guillaume),
chanoine de la cathédrale d'Evreux, en 1449; *Benoît* (Jean), né
vers 1456, mort en 1515, tous trois auteurs ascétiques; *Courtois*
(Hilaire), né vers 1467, poète latin et français; *Le Blond-de-
Branville* (Jean), né vers 1501, poète et traducteur de plusieurs
ouvrages latins; *Forget* (Germain), avocat au présidial d'Evreux
en 1540, auteur de plusieurs ouvrages de jurisprudence; *Simon*
(Vigor, oncle), d'abord pénitencier d'Evreux, puis curé de la
paroisse Saint-Paul, à Paris, ensuite archevêque de Narbonne, mort
le 1ᵉʳ novembre 1575, auteur de sermons fort estimés; *Simon*
(Vigor, neveu), né en 1556, conseiller au grand-conseil, auteur
de plusieurs ouvrages historiques remarquables par la pureté
du style et la solidité des recherches; *Duval* (Jacques), né en
1571, auteur de plusieurs ouvrages sur la médecine; *Zacharie*
(le Père), né vers 1580, mort à Evreux le 10 novembre 1661, mo-
raliste et littérateur, qui a écrit en latin et en français; *Ferret*
(Jean-Baptiste), peintre distingué, né vers 1588; *Joulet* (François), né vers 1590, chanoine d'Evreux, auteur de plusieurs tra-
ductions; *Morainvilliers-d'Orgeville* (Louis), mort en 1654,
auteur de plusieurs ouvrages de philosophie morale; *Le Bathelier-
d'Aviron* (Jacques), né vers 1596, auteur de précieux commentaires
sur la Coutume de Normandie; *Le Métayer* (Martin), né en 1625,
historien, philosophe et théologien; *Lejau* (Jean-Paul), mort en

C'est de la maison des premiers comtes d'Evreux
(Robert de Normandie), qu'est sortie celle d'Essex,
qui, dans l'avant-dernier siècle, jetait encore un
si vif éclat en Angleterre. Tout le monde connaît
la vie galante et la fin tragique de l'infortuné Robert d'Evreux, comte d'Essex, auquel la reine Eli-
sabeth, son amante, fit trancher la tête, pour le
punir de sa témérité et de son insolence; elle en
mourut de chagrin, le 4 avril 1603.

1631, chronologiste; *Yves d'Evreux* (le Père), religieux de cette
ville en 1633, auteur de plusieurs relations de voyages; *De
Langle* (Jean-Maximilien), mort le 9 juillet 1674, auteur de sermons protestants; *Nervet* (Michel), mort en 1729, savant théologien et orientaliste; *De Langle* (Pierre), né en 1664, mort en
1724, docteur de la Sorbonne, puis précepteur du comte de Tou-
louse, et ensuite évêque de Boulogne, fameux par sa piété et ses
vertus; *Le Brasseur* (l'abbé), né vers 1669, auteur d'une *Histoire
du comté d'Évreux* (1723, in-4°); *Blondel* (Laurent), mort en
1740, auteur d'ouvrages ascétiques; *Duvaucel* (Louis-Paul),
théologien; *Jobert* (N...), avocat et littérateur; *Durand* (N...),
savant professeur; *Le Fèvre*, peintre décorateur; *Prévôt-d'Arlin-
court* (Louis), fermier-général; *Siret* (Louis-Pierre), grammairien
et imprimeur; *Buzot* (François-Léonard-Nicolas), député aux
États-généraux; le général d'artillerie *Nourry*; l'amiral colom-
bien *Brion*; le jeune et infortuné poète Hyppolite *Raynal*, etc. etc.

Notice

BOURG DE GAILLON.

———

Sɪᴛᴜᴇᴇ sur la rive gauche de la Seine , route royale (3ᵉ *classe*) de Paris à Rouen, par Mantes , Vernon et Pont-de-l'Arche , le bourg de Gaillon , chef-lieu de canton de l'arrondissement de Louviers, se trouve à 2 myriamètres 4 kilomètres (nord-est) d'Évreux , et 1 myriamètre 5 kilomètres (sud-est) de Louviers.

Son nom, formé des mots celtiques *Gail* ou *Gay* (joyeux, agréable), et *Hom* ou *Homme* (demeure, habitation), n'a visiblement été donné à cet endroit que pour désigner sa situation , à la fois si gracieuse et si pittoresque, au pied de la haute et riante colline, du sommet de laquelle on découvre, sur les romantiques rivages de la Seine, l'un des plus beaux points de vue qu'il soit possible de rencontrer.

Toutefois, les anciens titres l'appellent indistinctement *Gallio, Gosleni Hamum*, etc.

Dès le temps des ducs de Normandie, il existait à Gaillon un château fort d'assez grande importance, puisque Philippe-Auguste en fit sa résidence durant l'hiver de 1203—1204. C'est de là que ce prince dirigeait le siége du Château-Gaillard.

Après la soumission de cette dernière place, à laquelle avait puissamment contribué un nommé Cadoc, Philippe donna à ce vaillant chevalier la châtellenie de Gaillon, en récompense de ses glorieux faits d'armes.

L'année suivante (1205), Cadoc fit construire, dans le château de Gaillon, une chapelle, où il établit des chanoines [1].

Cadoc étant mort sans enfants, la châtellenie de Gaillon retourna au domaine de la Couronne de France.

---

[1] Cette collégiale, placée successivement sous l'invocation de saint Antoine et de saint Georges, se composait d'un doyen et de huit prébendiers; elle fut supprimée en 1767, par le cardinal de Tavannes, archevêque de Rouen.

Par contrat signé à Nevers, au mois de juillet 1262, le roi saint Louis céda Gaillon à Eudes Rigault, archevêque de Rouen, en échange de 4,000 livres tournois et de quelques moulins. Depuis lors, jusqu'à l'époque de la révolution, cette seigneurie ne changea plus de maîtres.

Cependant, le duc de Bedfort, lieutenant-général de l'armée anglaise, s'en empara en 1423. Le manoir fut démoli.

C'est sur l'emplacement de ce manoir que le cardinal Georges Ier d'Amboise, archevêque de Rouen et ministre de Louis XII, fit construire, en 1515 [1], le magnifique château dont on admire encore les vestiges, et au sujet duquel le poète Bois-Robert, l'un des beaux-esprits de la cour de Louis XIII, s'écriait dans son curieux langage :

> Gaillon, qui tient mon cœur et mes yeux arrêtés,
> Passe même des Dieux la demeure immortelle ;
> Rien ne peut égaler sa grâce naturelle ;
> Tout cède à ses appas, tout cède à ses beautés.

Un autre poète, non moins fort dans le genre admiratif, s'exprime ainsi sur le même sujet :

> Trop aimable Gaillon, ta beauté sans seconde
> Te doit bien mettre au rang des merveilles du monde.

[1] Dès 1461, Guillaume d'Estouteville avait commencé à relever le manoir seigneurial de Gaillon.

Quoi qu'il en soit de ces divertissants éloges, le château de Gaillon *devint un palais*, dit M. Charles Nodier, *et ce palais fut digne d'être remarqué entre tous les monuments qui méritent ce nom.* [1]

Parmi les artistes qui travaillèrent à cet édifice tout royal, on trouve en première ligne le fameux Jean Joconde, qui y répandit avec profusion les élégantes richesses de l'architecture italienne. Les travaux qui couronnèrent cette magnifique entreprise furent d'Androuet du Cerceau, à qui la capitale de la France doit les beaux hôtels de Mayenne et de Sully. Les arabesques, les médaillons, les sculptures précieuses se multipliaient comme par miracle sous le ciseau spirituel et fécond de Jean Juste de Tours.

Ce palais, pour l'embellissement duquel le cardinal d'Amboise dépensa des sommes énormes, se composait de deux cours dont la première, qui était la plus ancienne, était décorée des bustes en marbre des douze Césars, de celui de Louis XII, roi de France, et de ceux des cardinaux d'Amboise, oncle et neveu. Une colonnade en marbre, d'ordre composite, et ornée de fleurs de lis, occupait tout

[1] Dans le siècle dernier, on avait, en Normandie, une si haute opinion de la beauté de ce palais, que, quand on voulait donner l'idée de l'élégance d'une maison de campagne, on terminait toujours le panégyrique en disant : *c'est un petit Gaillon.*

un côté de cette cour. Au-dessus de cette colonnade régnait un long bas-relief en marbre d'Italie,
représentant une marche triomphale. Au milieu de
cette même cour, se trouvait une belle fontaine [1]
hexagone, également en marbre d'Italie. Couron-
née d'une statue de saint Georges, cette fontaine
portait l'inscription suivante, que soutenaient deux
anges :

> Quisquis perpetui fontis miratur honores
> Rothomagi munus præsulis esse sciat.
> Legati nostro dùm jure Georgius orbi
> Præsidet, Ambosiæ purpura prima domûs,
> Hesperiæ et Gallis post otia parta, perennes
> Externo cingi marmore jussit aquas.

De cette cour, un bel escalier en marbre con-
duisait à la chapelle Saint-Georges. Cette chapelle,
toute construite en pierre de taille très fine, et
dans le style gothique le plus pur, était soutenue
à l'intérieur par des colonnes de jaspe et ornée de
statues d'albâtre. Elle possédait un autel en marbre
d'Italie veiné, de huit pieds de longueur sur cinq
de largeur. [2] Il s'y trouvait aussi un admirable
saint Georges combattant un monstre. Ce précieux

---

[1] Cette fontaine avait été restaurée, en 1764, par l'archevêque
de Rouen.

[2] Cet autel décore aujourd'hui la belle église (jadis collégiale)
de Vernon.

morceau, sculpté par Paul Ponce, a échappé à la rage révolutionnaire. Il fait aujourd'hui partie de la collection du Louvre.

Les fenêtres de la chapelle dont nous parlons étaient décorées de magnifiques vitraux peints. Les stales et l'orgue, en fort beau bois de chêne, se faisaient remarquer par leurs élégantes sculptures ; il en était de même de la tribune (ou prie-Dieu) de l'archevêque, placée du côté du Nord, et occupant un assez grand espace.

La seconde cour était plus moderne. Elle contenait, d'un côté, un galerie élevée sur un portique, et, de l'autre, une belle collection d'orangers, disposés en amphithéâtre.

La grande galerie, percée de soixante-dix arcades de chaque côté, était ornée des portraits des archevêques de Rouen, depuis plusieurs siècles.

Quant à l'intérieur du palais proprement dit, il était loin de répondre au luxe architectural de l'extérieur. Il n'offrait presque partout qu'une longue suite d'appartements démeublés et mesquins.

Du reste, le parc, dont on doit la conservation à M. Le Baube, homme singulièrement estimé du cardinal de la Rochefoucault, présentait de magnifiques promenades. D'un autre côté, la situation

du palais était admirable[1], puisque, du sommet de
la haute colline qu'il couronnait, la vue s'étend,
au midi, sur une vaste plaine qui conduit à Vernon; au nord-est, à trois lieues de distance, on
aperçoit les Andelys et les majestueuses ruines du
Château-Gaillard; à l'est, serpente le canal de la
Seine, dont les sinuosités, comme de riches et ca-
pricieuses broderies, se déroulent immenses au
pied du magnifique rideau qui les borde, et vont se
perdre ensuite dans un lointain d'azur; à l'ouest,
enfin, apparaissent la grande route de Paris à
Rouen, avec ses longues avenues d'ormes et de
noyers, et le joli bourg de Gaillon avec ses vieux
toits et ses mille bigarrures. Ce coup-d'œil est
ravissant; mais aussi, c'est à peu près tout ce qui
reste du beau palais des archevêques de Rouen.

Ce monument, que visitèrent tour-à-tour
Charles IX en 1564, Henri III et le fameux cardinal de Bourbon (depuis proclamé roi sous le nom
de Charles X), au mois de juillet 1584; Louis XIV,
le 23 janvier 1650[2], et l'infortuné Louis XVI, en

----

[1] Le palais archiépiscopal de Rouen possède, dans sa belle *galerie des États*, quatre grands tableaux peints par Robert. Ils
représentent les magnifiques vues de Gaillon, de Dieppe, de
Rouen et du Havre.

[2] A l'occasion de la visite de Louis XIV, François de Harlay avait
fait faire au château de Gaillon de grands embellissements.

1786, ne devait pas échapper au vandalisme révolutionnaire.

Après l'épouvantable règne de 1793, M. Le Noir
avait recueilli les plus beaux débris de ce temple du
génie, dont on a fait, depuis, une maison de correc-
tion [1]. Le gouvernement d'alors réclama ces ruines
architecturales, et tout ce que le palais de Gaillon
avait conservé de sculptures précieuses fut transporté à Paris [2].

Les portions de cet édifice restées sur place,
après la révolution, consistaient en un corps de
logis précédant les cours; quelques constructions

[1] Par décret du 3 janvier 1812, il a été établi, dans l'emplacement
du palais de Gaillon, une maison centrale de détention pour les
condamnés des départements de l'Eure, d'Eure-et-Loir, de la
Seine-Inférieure, de l'Orne et de la Somme. La population de
cette maison, qui fut d'abord de 200 détenus, s'est successivement
élevée jusqu'à 1450; en 1828, elle était de 1426. Tous les détenus
sont occupés; le produit de leur travail sert à leur procurer
quelques ressources durant le temps de leur réclusion, et des
moyens d'existence à l'époque de leur sortie. Le temps des travaux
ne dépasse pas douze heures, soit en été, soit en hiver. La maison centrale de Gaillon, si habilement dirigée depuis plusieurs
années par le vénérable et vertueux M. C. Durand, a soumis, à nos
différentes expositions, un grand nombre de produits qui ont
souvent fixé, d'une manière toute particulière, l'attention du
jury industriel.

[2] Parmi ces vestiges, déposés au palais des Beaux-Arts, dont
ils sont un des plus riches ornements, on remarque surtout un
admirable portique, en forme de jubé, dont la délicatesse des
sculptures ne peut être surpassée; il en est de même de l'escalier,
chef-d'œuvre de légèreté et de finesse.

Rauch del.

Ramonnette sc.

RUINES DU CHATEAU DE GAILLON.

secondaires, la grande galerie dominant la plaine,
le beffroi de l'horloge, le porche d'entrée, les caveaux de la chapelle Saint-Georges, et, enfin, le
cabinet dit *du Cardinal d'Amboise*, occupé jadis
par l'illustre fondateur de ce palais et par ses véné-
rables successeurs.

Excepté ce cabinet, les différents objets dont
nous parlons existent encore aujourd'hui. Presque
tous ont été conservés avec soin et adaptés aux
nouvelles constructions. Les caveaux de la chapelle
servent d'oratoire; le beffroi sonne les heures, et
le magnifique porche du seizième siècle sert toujours d'entrée à la maison de détention, comme il
en servait naguère au palais des prélats. Ce porche,
dont la voûte semi-circulaire présente plusieurs bas-
reliefs extrêmement délicats, est flanqué de quatre
jolies tours gothiques, dont deux, par suite des
différents travaux que l'on a faits depuis quelques
années à cette construction, se trouvent aujour-
d'hui faire partie de la façade extérieure, tandis
que les deux autres sont à l'intérieur. Ces quatre
tourelles, en belle pierre de taille, possèdent
des fenêtres à nervures très gracieuses. (*V. la
gravure.*)

A un quart de lieue du palais de Gaillon, et sur
le même territoire, s'élevait jadis une des plus
riches et des plus belles chartreuses que la France
chrétienne ait jamais possédées.

Fondé en 1571, par le cardinal Charles Ier de Bourbon, archevêque de Rouen, ce monastère fut confirmé en 1594, par Charles II de Bourbon, aussi archevêque de Rouen, et reconnu en 1598, par Henri IV, roi de France et de Navarre.

Sur la porte d'entrée, on lisait: *Chartreuse-Bourbon-lès-Gaillion.* Il y existait, le long du jardin, une belle galerie, servant de bibliothèque, et renfermant une grande quantité de livres imprimés et quelques anciens manuscrits (dont un, intitulé: *Corpus juris canonici*, était particulièrement remarquable par ses lettres peintes). Cette bibliothèque possédait également une magnifique médaille d'or du cardinal de Bourbon, son fondateur, qui lui légua aussi sa crosse et autres objets précieux.

Le cloître de cette chartreuse était extrêmement vaste; il contenait trente-deux cellules. Sur un des côtés de la muraille, on avait peint une immense carte d'Europe, où étaient retracées toutes les villes qui possédaient des chartreuses. Les arcades étaient décorées des portraits des comtes de Bourbon-Soissons.

L'église, bâtie par le cardinal de Bourbon, était un vaste et bel édifice, tout de briques depuis les murs jusqu'à la voûte. Le portail était regardé comme un morceau curieux d'architecture. Le maître-autel, en beau marbre blanc, décore aujourd'hui l'église paroissiale de Gaillon. Au midi de cet autel, une magnifique chapelle funèbre renfermait le sarcophage d'un des comtes de Bourbon-Soissons. Ce tombeau, du travail le plus précieux, était en marbre noir. Deux statues d'homme et de femme le recouvraient, couchées sur le dos. D'autres figures, rangées autour, représentaient plusieurs de leurs enfants, morts avant eux. Près de là, sur un large et splendide cénotaphe, on lisait les noms de plusieurs princes de la maison de Bourbon, qui avaient été également enterrés dans cette église. Le dernier de ceux-ci était le père du fameux prince Eugène. Aux angles de ce monument, quatre statues représentaient les quatre vertus cardinales; deux de ces figures étaient parfaitement exécutées. Une autre chapelle renfermait une belle statue du Christ mort, avec la Vierge et cinq autres figures admirablement sculptées. Le reste des chapelles était décoré d'ornements dorés, de peintures sur verre et de différents tableaux. L'autel était orné de plusieurs candélabres en vermeil, ainsi que d'une lampe en même métal.

En 1764, par la négligence de quelques ouvriers plombiers, cette belle église fut entièrement consumée par le feu, ainsi que le monument des Bourbons et les nombreux ornements. On ne parvint à sauver que les vases d'or et d'argent.

C'est dans la chartreuse de Gaillon qu'écrivit
et mourut, le 28 janvier 1704, Dom Bonaventure
d'Argonne, né à Paris en 1640. Ce religieux
n'avait pas rompu entièrement avec le monde; son
esprit et son savoir lui avaient procuré d'illustres
amis, avec lesquels il entretenait un fréquent commerce de littérature. On a de lui un *Traité de la
lecture des Pères de l'Eglise*, ouvrage fort judi-
cieux (1697); ses *Mélanges d'histoire et de littérature*, publiés sous le faux nom de Vigneul de
Marville, offrent un piquant recueil d'anecdotes
littéraires, de réflexions critiques et de traits sati-
riques. On ne lui a pas pardonné sa *Censure de La
Bruyère*.

C'est également dans les solitudes de la chartreuse de Gaillon, que vint s'inspirer le fameux
Lesueur, lorsqu'il entreprit sa pieuse et belle *Galerie
de Saint-Bruno*, pour les chartreux de Paris. Il
trouva à Gaillon des tableaux et des modèles, et y
composa, dit-on, son *Assomption de la Vierge*,
destinée à l'église Sainte-Clotilde des Andelys.

L'ancienne église paroissiale de Gaillon apparte-
nait aux premiers siècles de l'architecture romane.
Les trois fenêtres et le portail de l'extrémité occi-
dentale présentaient la forme à plein-cintre; les
autres fenêtres étaient en ogive. L'église actuelle
est moderne et de mauvais goût. Presque entière-

ment construite en briques, silex et moellon, elle
ne possède aucun objet digne d'intérêt, si l'on en
excepte, pourtant, le grand autel de la chartreuse.

Le bourg de Gaillon renferme plusieurs maisons
en bois, des quinzième et seizième siècles, fort curieuses. Deux sont particulièrement remarquables
par les détails bizarres de leur architecture fantas-
tique.

Le principal commerce de cet endroit consiste
en rouennerie, tapis, ouvrages de paille, etc.

Il s'y tient une foire le jour du *Vendredi-Saint*,
et un marché le dimanche (hors les heures d'of-
fice).

Sa population est de 1150 habitants.

Notice

CHATEAU - GAILLARD.

SITUÉ à 1 myriamètre 5 kilomètres (nord-nord-est) de Gaillon, sur la rive droite de la Seine et sur le territoire du Petit-Andely (Eure), le château dont nous allons esquisser l'histoire appartient à l'époque la plus curieuse de nos annales normandes.

Ce château brilla long-temps au rang des plus importantes forteresses que les siècles de la féodalité aient élevées sur le sol de la France.

Dans l'origine, son emplacement était connu sous le nom de *Rocher d'Andely*. En 965, un Robert de Tournan fit construire, sur le sommet de ce rocher, un beau et riche manoir, qui fut appelé *le château de la Haute-Roche* [1].

C'est à côté de ce château que Richard Cœur-de-Lion, duc de Normandie et roi d'Angleterre, fit commencer, en 1196, une redoutable forteresse, qu'il environna de hautes murailles et de profonds fossés taillés dans le roc vif. Ces fossés, eux-mêmes, furent bientôt défendus par une nouvelle enceinte de tours et de murs, qu'une troisième ligne de défense vint, à son tour, protéger.

La construction de cette citadelle était une violation flagrante de l'article 18 du traité conclu, au mois de janvier 1196, entre Richard et Philippe-Auguste, roi de France; traité qui disait positivement qu'*Andely ne pouvait être fortifié*. D'un autre côté, Gautier, archevêque de Rouen, et possesseur de la seigneurie *libre* d'Andely, ne tarda pas à protester de toutes ses forces contre l'usurpation de Richard. Peu de temps auparavant, ce prélat, *unique et perpétuel possesseur* du sol sur lequel on élevait des forts, avait payé à Philippe-Auguste une somme de mille livres, monnaie de Dreux,

---

[1] Le château de la Haute-Roche, qui subsista encore assez longtemps après la construction du Château-Gaillard, était devenu la propriété du lâche Jean-sans-Terre, qui le donna à Hugues III, seigneur de Gournay. Ce dernier en fit don, à son tour, à la célèbre abbaye du Bec, qui y fit bâtir une chapelle, sous le vocable de *saint Nicolas*.

à l'effet d'obtenir pour sa seigneurie une plus par-
faite indépendance, ou, au moins, une plus complète neutralité. Richard, qui, comme Philippe,
avait juré de maintenir des engagements contractés
de la manière la plus solennelle, méprisa cependant, avec opiniâtreté, les trop justes réclamations
du prélat. Comme si l'archevêque n'eût rien dit,
il continua à faire grandir, pleine de force et de
noblesse, l'inexpugnable citadelle, à laquelle il
donna lui-même le nom de *Château-Gaillard*, pour
marquer que désormais sa *fille chérie*, comme il
l'appelait, pouvait impunément braver toutes les
attaques.

L'archevêque de Rouen, n'ayant pu arrêter la
violation de ses droits, excommunia les ministres
de Richard, mit en interdit tout le pays d'Andely,
envahi par les troupes de ce prince, et enfin,
quitta la Normandie, pour aller demander justice
à la cour de Rome.

Richard, vaincu dans un combat où l'épée ne
servait à rien, consentit, enfin, à céder à Gautier,
en échange d'Andely, les villes de Dieppe et de
Louviers, les seigneuries d'Aliermont et de Bou-
teilles, etc.

« Or, comme chacun augurait mal d'un château
fort qui, à peine sorti du niveau de la terre, oc-
casionnait un pareil scandale, il arriva un présage

de bien plus mauvais augure : une pluie de sang tomba sur les ouvriers occupés à y travailler..... »

Ce miracle eut lieu, dit-on, au mois de mai 1197, peu de jours avant l'Ascension [1]. Richard, qui était présent, n'en fut pas effrayé. Le poète assure que, si un ange lui-même fût descendu pour engager Richard à renoncer à son entreprise, le bouillant et opiniâtre prince eût blasphémé contre cet envoyé du ciel (*anathema illi esset*).

Malgré les mauvais présages, le Château-Gaillard se termina enfin. Ce fut *une mestre forterèce*, dit Guillaume Guiart, avec ses dix-sept tours et ses murs de huit pieds d'épaisseur; ce fut formidable à voir : *à esgarder z'est droiz miracles*.

Deux ans après qu'il eut laissé ce grand souvenir de son terrestre pélérinage, Richard Cœur-de-Lion fut vaincu par la mort.

La guerre se ralluma aussitôt entre Philippe-Auguste et l'usurpateur Jean-sans-Terre. Ce dernier vint visiter le Château-Gaillard, au mois d'août 1199; mais le roi de France avait résolu l'entière conquête de la Normandie, et Jean était trop lâche pour pouvoir l'arrêter.

---

[1] La Chronique de Rouen dit qu'il plut encore du sang sur le Château-Gaillard, le 6 mars 1207, (*pluit sanguis, qui à multis visus fuit et collectus*). Cette nouvelle pluie, comme la première, fut pour le peuple un sujet de terreur universelle.

Philippe, ayant pénétré dans la province, commença par assiéger toutes les places qui pouvaient en défendre l'entrée. Il s'empara du *Fort d'Andely*, construit dans une île de la Seine. La garnison de ce fort s'étant retirée au Château-Gaillard, Philippe se hâta aussitôt de venir mettre le blocus autour de cette dernière citadelle; c'était au mois d'août 1203.

Après de nombreux assauts, où les deux partis déployèrent un courage héroïque, Philippe, jugeant le lieu inexpugnable, résolut d'enfermer la garnison et de la réduire par la famine. Il fit creuser un double rang de fossés, de 200 pieds de largeur, et fortifier les vallées naturelles qui avoisinent le château. Bientôt les vivres manquèrent aux assiégés; mais Roger de Lascy, gouverneur du fort pour le roi Jean, fit des efforts incroyables de valeur. Ne pouvant parvenir à faire lever le siége, il renvoya, à plusieurs reprises, ue grand nombre de gens inutiles. Philippe laissa d'abord passer ces malheureux, mais ordonna, pour l'avenir, de repousser ceux qui se présenteraient. La disette augmentant toujours dans le château, Roger de Lascy expulsa encore des vieillards, des femmes et des enfants, au nombre de plus de 400. L'armée française les reçut à coups de traits; ils voulurent rentrer au château, l'entrée leur en fut impitoyablement refusée. Pendant trois mois, ils traînèrent dans les fossés une vie misérable, n'ayant pour toute nourriture que de l'herbe et de l'eau. Le désespoir où la faim avait réduit ces infortunés était tel, qu'une femme étant accouchée parmi eux, ils dévorèrent aussitôt son enfant en sa présence.

Enfin, après sept mois d'une résistance sans exemple, le Château-Gaillard tomba au pouvoir de Philippe-Auguste, qui y pénétra le 6 mars 1204, grâce à l'audace d'un soldat, nommé Pierre de Bogis, lequel était parvenu à s'emparer d'une des fenêtres de la chapelle. Le gouverneur fut fait prisonnier; mais Philippe, touché de sa bravoure, le traita, ainsi que ses compagnons, avec les plus grands égards.

Le prince français se hâta de faire faire au Château-Gaillard toutes les réparations nécessaires.

Au mois de juin 1261, le roi saint Louis étant venu visiter la ville d'Andely, logea au Château-Gaillard, d'où il data une charte.

En 1314, cent-dix ans après la conquête de Philippe-Auguste, le Château-Gaillard fut témoin d'un nouveau drame. Deux sœurs, Marguerite de Bourgogne, femme du roi Louis X (le Hutin), et Blanche de Bourgogne, femme de Charles-le-Bel, ayant été accusées et déclarées coupables d'adultère, furent renfermées dans cette forteresse. Deux ans après, la reine Marguerite y fut étranglée par ordre du roi [1]. Quant à Blanche, ce ne fut qu'après sept ans de la plus affreuse captivité, qu'elle quitta cette prison pour aller ensevelir ses jours dans l'abbaye de Maubuisson. Philippe et Gaultier d'Aulnay, leurs complices, périrent d'un supplice épouvantable.

En 1334, le Château-Gaillard servit de retraite à David Bruce, roi d'Ecosse.

En 1356, le roi de Navarre, Charles-le-Mauvais, fut amené prisonnier au Château-Gaillard, par ordre du roi Jean, qui le fit transférer ensuite au châtelet de Paris.

En 1419, les Anglais, déjà maîtres de toute la Normandie, s'emparèrent du Château-Gaillard, après un siége de plusieurs mois.

En 1429, le Château-Gaillard fut repris par les Français, sous la conduite de La Hire. Peu de temps après, les Anglais s'en emparèrent de nouveau.

En 1449, le roi Charles VII, Jean de Brézé et Denis de Chailly, assiégèrent le Château-Gaillard. Les Anglais firent une vive résistance; ce ne fut

---

[1] On croit encore reconnaître aujourd'hui le banc de pierre qui servait, tout à la fois, à Marguerite de Bourgogne, de siége, de table et de lit.

qu'au bout de deux mois de blocus, que la garnison consentit à se rendre, après avoir obtenu, toutefois, une capitulation honorable. Elle était réduite à 120 hommes. Charles VII fit son entrée au Château-Gaillard le 23 novembre.

On voit encore figurer le Château-Gaillard dans les guerres de la Ligue.

Henri IV s'en empara, en 1589, après la prise de Gisors; mais les Ligueurs le lui enlevèrent peu de temps après.

Ce ne fut qu'au mois de juin 1591, que cette forteresse se soumit définitivement au légitime souverain des Français.

Enfin, Henri IV, *cédant aux justes réclamations de la province, et désirant,* dit-il lui-même, *avoir part aux prières des révérends pères capucins d'Andely,* permit à ces religieux, le 14 juin 1603, de travailler à la démolition du Château-Gaillard, et d'en enlever toutes les pierres, tuiles, pièces de bois, etc., dont ils pourraient avoir besoin pour réparer leurs bâtiments. Les religieux s'en emparèrent aussitôt avec ardeur; non contents de détruire les remparts au moyen de toutes les forces humaines, ils en firent sauter une partie avec la mine. Les murs d'enceinte de leur couvent furent construits avec ces matériaux.

Cependant, Henri IV ayant, le 6 mai 1610 ,

c'est-à-dire six jours avant sa mort, accordé aux
pénitents du Petit-Andely la même permission,
on vit s'élever entre les deux congrégations une
lutte aussi ridicule que scandaleuse. Les moines de
chaque couvent, non-seulement voulurent s'emparer pour eux-mêmes des débris du Château-Gaillard, mais encore prétendirent les vendre à leur
profit. On alla jusqu'à se disputer les matériaux à
main armée, et, pour faire cesser ce honteux désordre, il fallut adresser, le 17 novembre 1610, au
nom du jeune roi Louis XIII, des lettres patentes à
la chambre des comptes de Rouen.

Bientôt Louis XIII céda, à son tour, aux deux
congrégations rivales. Non content de confirmer à
celles-ci le don que leur avait fait son père, il accorda
la même faveur aux pénitents de Rouen. Tout fut
détruit, excepté le donjon, qui avait été *épargné
et recommandé* par Henri IV, comme monument
d'art et souvenir historique; ce donjon subsista
donc encore comme forteresse, après la destruction
presque totale des autres portions. Un sieur du
Tot en était commandant en 1616, et avait sous
ses ordres vingt soldats pour le défendre, lorsque
Louis XIII, craignant que ce donjon ne vînt à servir de refuge aux rebelles durant les troubles que
fomentaient alors les vieux souteneurs de l'aristo-
cratie nobiliaire, ordonna, le 22 février de cette

même année, au duc de Montbason de le détruire entièrement. Le 15 mars suivant, le roi,
de plus en plus inquiété, à ce qu'il paraît, renou-
vela expressément cet ordre, qu'il appelait *un bon
œuvre.*

Ainsi finit cette forteresse célèbre, devant laquelle son glorieux fondateur s'était un jour écrié,
plein d'un noble enthousiasme : *Ah! quelle est
belle ma fille d'un an !...*

Il ne reste, aujourd'hui, du Château-Gaillard
que ce que la main des hommes n'a pu détruire.
Ces vastes débris et le rocher inculte qui les porte
appartiennent au roi Louis-Philippe d'Orléans.
Vue du fond de la vallée de la Seine, cette ruine
presente encore un attrait puissant, et par les tra-
ditions qu'elle rappelle, et par la forme grandiose
qu'elle a conservée malgré toutes les mutilations
qu'on lui a fait subir (*V. la gravure*). Surmontée
du drapeau de 89, dont il ne reste déjà plus que
quelques lambeaux mâchés par les vents et troués
par la pluie, la vieille citadelle, toute démantelée,
couronne encore majestueusement la montagne qui
lui sert de base... A l'aspect de cette énorme masse
et de l'épouvantable précipice que forme à ses
pieds l'escarpement du roc du côté de la Seine;
au souvenir de ces tours élevées, de ces épaisses
murailles qui en défendaient autrefois les approches,

et enfin, de ces larges et profonds fossés[6] si souvent abreuvés du sang des hommes, le philosophe
peut trouver, dans ces larges pages ouvertes sous
ses yeux, de quoi méditer long-temps sur les que-
relles des rois, sur la fragilité de nos monuments,
et sur l'impérissable durée de ceux qu'éleva la na-
ture.

[1] Dans les fossés qui entourent le Château-Gaillard au sommet
de la montagne, on trouve des casemates où, pendant les guerres,
on enfermait les différentes provisions. Ces casemates, creusées à
vif dans une roche blanche, crayeuse et veinée de pierres noires
à fusil, présentent, quoiqu'un peu basses, un aspect assez frappant.
On y remarque, écrits au crayon, les noms suivants : *Rossini ;
J. V. Biron ; sir Walter-Scott* bar[t] *17 janvier* 1827. A côté: *J. Fe-
nim. Cooper.* Plus bas : *Odilon Barrot.* Et, à quelque distance:
Achille Deville. Ce dernier est auteur d'une magnifique *Histoire
du Château-Gaillard,* que nous ne pouvons trop recommander aux
amis de nos antiquités nationales.

C'est là aussi, à deux cents pieds au-dessus du niveau de la
Seine, que le célèbre aéronaute Blanchard, né aux Andelys, fit,
en 1773, l'essai d'une machine hydraulique, fort simple et peu
coûteuse, qu'il avait inventé. Blanchard réussit complètement;
l'eau coula sur le sommet de la vieille forteresse, et, néanmoins,
cette découverte est aujourd'hui totalement oubliée.

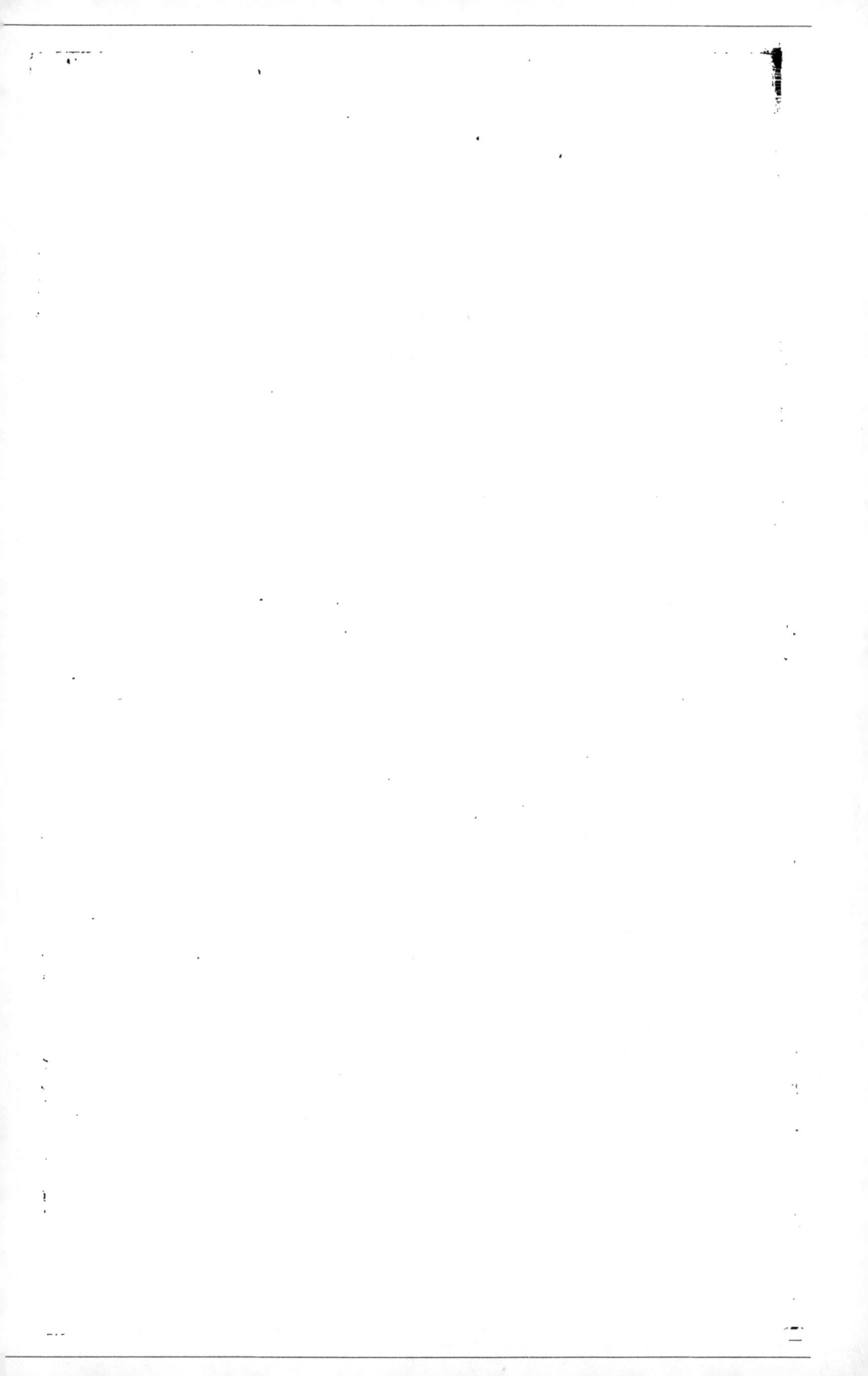

Notice

SUR LE

BOURG D'ECOUIS.

———

Ecouis, bourg du canton de Fleury-sur-Andelle (arrondissement des Andelys), se trouve dans la vaste et fertile plaine du Vexin normand, à 4 myriamètres d'Évreux, 1 myriamètre des Andelys et 3 myriamètres de Rouen, sur la route royale de cette dernière ville à Paris.

Les plus anciens titres qui font mention de ce bourg, l'appellent indistinctement Escoeis, Escoues, Escoyes et Ecquis (en latin *Escoes*, *Escoya*, *Escovius* et *Escoyacum*). Nous pensons que ce nom, dont on retrouve les analogues dans ceux d'Ecouen, Écotigny, Écos, Écouves, Écauville, Écaquelon, etc., provient du celtique, et signifie, ainsi que ceux-ci, *une hauteur, un point élevé au milieu d'une plaine.*

Il paraît que ce bourg, exposé, par sa situation sur l'une des principales routes de la province, à tous les hasards de la fortune, eut beaucoup à souffrir des guerres que se livrèrent, du onzième siècle au douzième, les princes normands et français. Il est certain, du moins, qu'il était peu notable au commencement de ce même douzième siècle. Orderic Vital n'en fait aucune mention dans son récit de la bataille de Bremulle, livrée en 1119, tandis qu'il cite exactement Verclive, Noyon-sur-Andelle (maintenant Fleury), Etrépagni et Andelys. On ne peut même douter, d'après lui, que le nom de Bremulle ou Brenmule, restreint aujourd'hui à une ferme, ne désignât alors toute la plaine voisine de Verclive. [1] « Le témoignage de cet historien, dit notre savant compatriote M. A. Le Prevost, est ici d'autant plus puissant, que, comme son abbaye de Saint-Évroul possédait le prieuré de Noyon-sur-Andelle, cette contrée ne pouvait manquer de lui être parfaitement connue. »

[1] « *Propè montem qui Warcliva nuncupatur, liber campus est,* « *et latissima planities quæ ab incolis Brenmulla vocitatur.* » Orderic Vital, lib. XII.

Toutefois, Écouis possédait alors une église, dite *de St-Aubin*. Elle était située là où existait encore, il y a soixante ans, le cimetière de la commune. Alvered, seigneur de Gamaches, qui était en possession de cette église, la donna en 1141, avec tous les revenus qui y étaient attachés, à l'abbaye du Bec. Ce monastère la céda, à son tour, en 1308, au roi Philippe-le-Bel. L'acte d'échange, conservé au trésor des Chartes (Normandie.—Caux, n° III; et Normandie.—Gisors, n° V), est l'un des plus curieux documents qui nous soient restés sur la valeur des biens immeubles du Vexin et du Roumois à cette époque. Nous y remarquons le passage suivant:

« Ledit abbé (*du Bec*) et couvent ou non, pour cause du dit eschange et permutation des choses (300 livres 20 sous tournois de rente, dans le Roumois) par nous baillées et octroyées à eux, si comme dessus dictes, nous ont octroyé, baillé, délaissé et quitté perpétuellement et à tousiours, les choses qui s'en suyuent. C'est à sçavoir :

« A Escoyes, sexante trois acres, sexante et quatorze perches de terre gaaignables ; chacun acre pour 25 souls, valent sexante dix-neuf livres six sols deux deniers.

« Item, le patronage de l'église dudit lieu (*d'Écouis*), sexante solz.

« Item, la justice basse de huict hostels, huict solz, le manoir et les édifices, si comme ilz se comptent uingt liures. Le champart de 4 acres de terre ; chacun an une mine de blé, de dix solz, et une demie mine d'aueine, trois solz deux deniers. Vn jardinet emprez ledit manoir, contenant trente perches, trois solz neuf deniers. Rentes en deniers, quarante six solz tournois. Huict chappons, chacun prisié 8 deniers, valent cinq solz quatre deniers. Quatre-vingt œufs huict, pour un denier, valent dix deniers.

« Item, à Basqueville, deux muiz de grain ; c'est à sçavoir : seize mines de froment, pour mine, dix solz, valent huict livres ; seize mines d'aueine, dont il y a cinq boisseaux en la mine, à la mesure d'Andeli, pour mine trois solz trois mailles, valent cinquante sols ; orge, huict mines, prisié vingt et cinq solz ; sègle, huict mines, prisié quarante solz.

« Item, à Muchegros, dix sextiers de métail, à le mesure d'Andeli, prisié dix liures ; quinze mines d'aueine, prisié quarante neuf solz six deniers.

« Item, à la Mésengerie, deux sextiers de fourment, prisiés quarante solz ; un sextier de métail, prisié vingtz sols ; les deux parts des dismes des terres, qui viennent à la grange d'Escoyes, quatre-vingts liures.

« Item, à Toufreville, quatre-vingtz cinq acres, trois verges et vingt-huit perches de terre gaaignable, pour acre douze sols, valent cinquante vne liures vnze solz et trois deniers; vne vergée de pré, au prix de trois solz, de quoy l'en rent à Pierre de Poissy, chacun an, 18 deniers, et ainsy demeure des ditz trois sols, dix-huict deniers.

« Item, vn moulin, avec les dismes de chanure, de lin, du fruit, et de toutes les autres dismes que les ditz religieux auoient en la dicte ville : rabattuz les moindres fraiz et les coustoimens, au prix de dix liures; sur un courtil, et prez du dist molin, que fit Gratien, douze deniers de rente; pour la basse justice de 20 hommes, 20 solz; pour vne masure, vne grange dessuz, et la franchise d'icelle masure, trente cinq solz ; rentes et deniers six liures onze solz deux deniers; 24 chappons, au prix de seize solz; douze vingt œufs, au prix de deux solz et six deniers.

« Item, 26 acres trois verges de bois, pour le tressons, sans la tonture, pour acre cinq solz, valent six liures treize solz et neuf deniers tournois.

« Somme de la value de toutes les choses deuant dictes... 293 liures, 19 solz, 11 deniers tournois, de rente annuel et perpétuel... »

Deux ans après, Philippe-le-Bel donna ce même

patronage à Enguerrand III de Marigny, seigneur du Plessis et d'Écouis.

La famille de ce seigneur était ancienne et originaire de la Normandie, mais peu illustre dans la noblesse. Son nom primitif était Le Portier, à cause de la garde de l'une des quatre portes du château de Lions, héréditairement confiée à ses ancêtres. Elle ne prit celui de *Marigny* que quand Hugues, fils d'Enguerrand Ier, vivant en 1180, eut épousé Mahaud, dame de Marigny [1]. La principale terre de la famille Le Portier était le fief du Rosey ou Rosai.

Hugues laissa Enguerrand II, qui prit définitivement le nom de sa mère. Il vivait en 1240, et laissa Jean, qui fut seigneur de Marigny et Philippe, seigneur d'Écouis, qui fut le père de ce même Enguerrand III, dont nous venons de parler.

Ce dernier, rempli de mérite et d'adresse, s'avança rapidement à la cour. Philippe-le-Bel, qu'il servit avec beaucoup de fidélité et de succès en diverses occasions importantes, lui accorda toute sa confiance.

De simple baron d'Écouis, Enguerrand devint chambellan de France, capitaine du Louvre,

[1] Le fief de Marigny était situé à Dampierre, près Gournai. La motte du manoir existe encore. Un Enguerrand de Marigni avait suivi le duc Robert II à Jérusalem, en 1096.

comte de Longueville, intendant des finances et
des bâtiments de la Couronne, et, enfin, premier
ministre.

Sa probité était profonde, sa fortune énorme,
son crédit immense.

Il aimait à protéger ses vassaux et à embellir
ses domaines.

Lorsque le roi lui eut cédé le patronage de l'é-
glise de Saint-Aubin d'Écouis, Enguerrand la fit
démolir et en reconstruisit une autre, sous le vocable de *la mère de Dieu.* Cet édifice fut placé à
peu de distance du premier, et, comme c'était alors
l'habitude, à la distance la plus favorable pour le
manoir seigneurial. [1]

Enguerrand établit, en cette église, un riche
collége de chanoines, auxquels il donna de nombreux priviléges et tous les revenus attachés à la
cure paroissiale.

Ce temple, terminé en 1313, fut dédié, la même
année, par le cardinal Nicolas de Fréauville, légat
en France, assisté de deux archevêques et d'onze
évêques, parmi lesquels on distinguait les frères
d'Enguerrand, Philippe, archevêque de Sens, et
Jean, alors évêque de Beauvais. Ce fut à cette

---

[1] Le manoir habité par Enguerrand se trouvait à environ un demi
quart de lieue (sud-ouest) de l'église d'Écouis. On en voit encore
les vestiges : l'emplacement est connu sous le nom du Fay.

occasion que le pape accorda un jubilé perpétuel
à l'église d'Écouis, pour toutes les années où la fête
de l'Annonciation et le Vendredi-Saint se rencon-
treraient le même jour [1]; privilége singulier,
que les papes ont étendu jusqu'aux années où la
fête de l'Annonciation tomberait à quelqu'un des
jours de la Semaine-Sainte. L'acte de fondation ,
qui avait été passé au mois de janvier 1311, du
consentement d'Alips de Mons, troisième épouse
d'Enguerrand, et confirmé, au mois de mai de la
même année, par le pape Clément V, fut ratifié
par lettres-patentes du roi, au mois de mai 1315. [2]

L'élévation rapide d'Enguerrand ne manqua pas
de lui faire des envieux à la cour. Charles de
France, comte de Valois, frère du roi Louis-le-
Hutin, ainsi que la plupart des grands du royaume,
le voyaient, avec une noire jalousie, occuper les
postes avantageux et honorables dans lesquels ses
services et sa fidélité l'avaient placé auprès du
prince. Cette envie dégénéra en une haine impla-

[1] Ce jubilé, de cent vingt jours d'indulgence, fut primitivement
établi par les prélats consécrateurs eux-mêmes, comme le prouve
une bulle du pape Clément VI , datée du 24 avril 1348.

[2] Avant la révolution, le doyen d'Écouis prétendait avoir été
anciennement député-né du Vexin normand aux États de la
province , et, en conséquence de cette ancienne prérogative qu'il
s'arrogeait, portait la robe rouge aux grandes fêtes et à toutes
les cérémonies publiques.

cable, mais pourtant secrète, qui, bientôt, de l'esprit des grands, passa facilement dans l'esprit du peuple, toujours bien aise de trouver un pré-texte plausible à ses murmures. Enguerrand, naturellement fier, ne se mit point en peine de ménager l'amitié des grands, tant qu'il posséda celle du roi. Il parlait avec tant d'éloquence, qu'il persuadait facilement tous ceux qui l'écoutaient. Les historiens contemporains, qui l'appellent *Coadjuteur et Gouverneur de tout le royaume de France*, en rapportent un exemple bien frappant. Le roi avait besoin d'argent, et n'en pouvait trou-ver; Enguerrand rassembla les grands et les dé-putés des villes dans la cour du palais, et leur parla avec tant de force, qu'ils ne purent résister à ses raisons, quoique la misère du temps fût bien grande. Cependant Philippe-le-Bel mourut en 1314; Louis X, dit le Hutin, lui succéda; Charles de Valois, son oncle, se mit en possession de toute l'autorité, et changea plusieurs grands officiers. Comme il n'aimait pas Enguerrand, il voulut lui faire sentir le poids de sa puissance. On manquait d'argent pour le sacre du roi; il prit de là occasion de rechercher les directeurs des finances, et sur-tout Enguerrand, avec lequel il avait déjà eu de violents démêlés du temps de Philippe-le-Bel. Le ministre est tout-à-coup appelé devant le roi, pour

rendre compte de l'administration du trésor : on
lui demande ce qu'il a fait de tout l'argent qu'il
a levé, tant sur le clergé que sur le peuple, un
peu avant la mort du feu roi. Enguerrand répond
hardiment qu'il en rendra bon compte. Alors
Charles de Valois lui dit : « *faites-le présentement.* »
— « *Volontiers, seigneur,* repliqua Enguerrand,
*mais vous en ai baillé la plus grande partie, et
le demourant, l'ai mis en paiement des dettes de
Monseigneur votre frère.* » Le comte de Valois,
offensé de cette réponse, lui dit : « *certes, de ce
mentez, vous, Enguerrand.* » Enguerrand ne sut
pas se contenir, et eut l'audace de lui répondre :
« *pardieu, seigneur, en mentez vous-même...* »
Cette insolente réponse décida son arrestation.

Le procès d'Enguerrand fut jugé, *au château
du Bois de Vincennes,* par quelques pairs et barons,
qui condamnèrent cet infortuné seigneur à périr
de la mort des scélérats; ce qui fut exécuté le 3o
avril 1315 (avant le point du jour, comme c'était
alors la coutume). Il fut pendu au gibet de Mont-
faucon, qu'il avait fait élever, lui-même, peu de
temps auparavant [1]. Il avait alors cinquante ans.
Son corps fut enterré dans l'église des Chartreux,
à Paris, d'où il fut apporté, en 1324, dans celle

---

[1] « Comme maître du logis, dit Mézeray, il eut l'honneur d'être
mis au haut bout, au-dessus de tous les autres voleurs. »

d'Ecouis. Enguerrand avait choisi cette collégiale, pour être son tombeau et celui de sa famille. Ce fut le comte de Valois, auteur de sa mort, qui ordonna lui-même cette translation, et qui en paya tous les frais. Attaqué d'une maladie incurable, ce prince y reconnut la main de Dieu qui le frappait, tant il est vrai que le criminel, quelque puissant qu'il soit, n'est jamais à l'abri des coups de la Providence!... Charles se repentit de ce qu'il avait fait contre Enguerrand, et pensa à réparer de quelque manière son horrible injustice. Pour apaiser les remords qui déchiraient son ame, et que son confesseur, grand ami d'Enguerrand et de la famille de Marigny, avait su lui inspirer sur la condamnation de ce ministre, le comte fit répandre dans Paris d'abondantes aumônes, dont les distributeurs avaient ordre de dire à chaque pauvre : *priez Dieu pour l'ame de monseigneur de Marigny et pour monseigneur Charles de Valois.* Et ce ne fut pas sans une grande surprise que le peuple entendit nommer Marigny avant le prince. On avait arraché la statue de ce ministre, qui était auprès de celle du roi Philippe-le-Bel, sur les degrés du palais[1]; on y replaça son portrait, peint

---

[1] A la fin du siècle dernier, la statue d'Enguerrand se voyait encore dans une petite cour de la prison de la Conciergerie, à Paris, où elle était sans piédestal, et appuyée contre le mur.

sur toile, avec ces deux vers à la façon du temps :

> Chacun soit content de son bien ;
> Qui n'a suffisance, n'a rien.

A la mort de Marigny, ses biens étaient immenses ; ils devinrent la proie de ses accusateurs. Le comte de Valois, le comte d'Évreux, et jusqu'à la reine elle-même (Clémence de Hongrie) se les partagèrent. Maineville, Hébécourt, Touffreville, le Plessis et la baronie d'Écouis passèrent à cette princesse. Les terres de Marigny et une portion de celle d'Écouis furent données au comte Louis d'Evreux. De tous les biens territoriaux confisqués sur son infortuné ennemi, le domaine de Rosay fut la seule propriété qui échut au comte de Valois.

Lorsque mourut Louis **X**, ce *roi aux étranglemens et aux pendaisons*, Clémence de Hongrie, sa femme, était enceinte. Elle donna le jour à un prince, que l'on nomma Jean, et qui ne fut roi de

---

« Elle m'a paru d'une bonne attitude, dit Poullain de Sainte-Foix, dans ses *Essais historiques sur Paris*, (3ᵉ édition, 1763, t. 1ᵉʳ, p. 308). La taille en est courte et assez fournie ; le visage est riant et agréable ; l'habillement descend au-dessous des genoux ; elle a sur la tête une espèce de chaperon, dont la pointe, qui n'est pas rejetée en arrière, mais entortillée, revient sur l'oreille gauche ; on remarque sur l'habit un baudrier brodé, auquel l'épée est attachée...... »

France que pendant une semaine. Inconsolable de
la perte prématurée de son fils, la reine Clémence,
*que tous les historiens ont reconnue douée des plus
estimables qualités et des plus aimables vertus*, se
retira de la cour, vint habiter quelques années le
château d'Ecouis, et y mourut, à la fleur de son âge,
en 1328.

Cependant, Philippe-le-Long avait rétabli, en
1321, la famille d'Enguerrand de Marigny dans
la portion de ses biens qui avait été donnée au
comte d'Evreux : ce dernier y renonça, moyennant
un égal dédommagement que lui accorda le roi.

Toutefois, ce ne fut que sous le règne de Philippe de Valois, vers 1336, que cette famille
rentra définitivement en possession du château
d'Ecouis et de ses dépendances. Le monarque, fils
du comte Charles, eut la générosité de donner à
Louis, fils aîné d'Enguerrand, une somme de
50,000 francs pour racheter ce domaine.

Loin d'avoir fait, comme l'ont prétendu quelques
historiens, élever lui-même, dans l'église d'Ecouis,
un mausolée *en marbre noir* à la mémoire d'Enguerrand, le comte Charles de Valois, *constant dans
son repentir* (comme dit M. Masson de Saint-
Amand, dans son *Essai sur le comté d'Evreux*),
avait fait défendre, au contraire, de lui élever
aucune espèce de tombeau, afin d'éviter qu'on ne

6

plaçât, sur ce monument, quelque inscription qui
rappelât le honteux procès. Cependant, en 1475,
Louis XI permit aux propriétaires de la baronnie
d'Ecouis d'élever, dans l'église fondée par Enguerrand, le mausolée tant désiré, et d'y placer même des
statues, mais toujours avec cette condition que,
si on faisait une épitaphe au sire de Marigny, on
n'y ferait aucune mention de son supplice. *Ce fut
alors que, ne pouvant se servir de paroles, on
employa la sculpture...* Le mausolée, vraiment
remarquable pour son siècle, mais extrêmement
dégradé par le temps, existait encore à l'époque
de la révolution. Il était en pierre, élevé de quatre
pieds au-dessus du sol, et appuyé contre le mur du
sanctuaire, du côté de l'évangile. Sur la tombe
proprement dite, s'élevait la statue d'un guerrier
armé de pied en cap [1]. Cinq figures, assez mal
exécutées, mais précieuses pour l'époque, en for-
maient le couronnement. Jésus-Christ, assis,
comme pour prononcer la sentence, tenait le milieu;
deux anges étaient à ses côtés; l'un à droite, portant une toise, et l'autre à gauche, tenant d'une
main une trompette, et, de l'autre, un cercle ou
rouleau de corde. Charles de Valois et Enguerrand

---

[1] Au pied de cette statue était couché un lévrier, signe emblé-
matique, indiquant aux visiteurs que le personnage représenté
sur la tombe n'était pas mort dans les combats.

de Marigny terminaient la représentation : le premier portant le manteau bleu fleurdelisé, avec la
couronne ducale sur la tête, les mains jointes et
les yeux baissés, à la droite de Jésus-Christ ; et
Enguerrand, à genoux, tête nue, en chemise, et
à la gauche, accusant le prince de l'avoir fait
mourir injustement. La toise que portait l'ange du
comte de Valois était destinée à mesurer la conduite de son client, tandis que le cercle de corde
que tenait l'ange, avocat d'Enguerrand, n'avait
d'autre but que de représenter l'image symbolique
de son supplice. Au-dessous de ces figures, et sur
une plaque de marbre noir encastrée dans la
muraille, on avait gravé ces vers :

> Cy dessous gist de ce pays l'honneur,
> De Marigny et de ce lieu seigneur,
> Dit Enguerrand, très sage chevalier,
> Du roy Philippes-le-Bel grand conseiller,
> Et grand maistre de France, très vtile
> Pour le paiis, comte de Longueville ;
> Cette église présente, fit jadis
> Édifier l'an mil trois cens et dix [1]
> Pour honorer ès Cieux la Reine Dame ;
> Cinq ans après rendit à Dieu son ame,
> Le dernier jour d'Avril ; puis fut mis cy :
> Priez à Dieu qu'il luy fasse mercy.

[1] Avant Pâques, et 1311, suivant notre mode actuel de diviser
l'année.

Ce mausolée a été complètement détruit durant la révolution [1].

« Il n'y a endroit dans l'église, dit le chroniqueur « Farin, où les armes de ce seigneur ne soyent re-« présentées. Il portait d'azur à deux fasces d'ar-« gent. [2] Il espousa deux femmes : la première « s'appelait Jeanne, la seconde Alipide, qui coo-« péra à la fondation de cette église, comme il se « remarque par leurs figures en bosses qui sont « sur le grand portail, tenant chacun une petite « église en leurs mains, qu'ils offrent à la mère de « Dieu, de laquelle l'image est au milieu. » [3]

---

[1] Un habitant d'Écouis, témoin oculaire de l'exhumation, a rapporté qu'Enguerrand était de petite taille, mais qu'il avait la tête très forte.

[2] En effet, ces armes se voient encore aujourd'hui sur la vitre du fond du transsept septentrional, ainsi que sur un écusson porté par un ange, au sommet du portail.

[3] Les statues d'Enguerrand et d'Alips de Mons étaient encore, à l'époque de la révolution, sur les piliers latéraux. Ces figures, ainsi que le tombeau d'Enguerrand, ont été publiées par Millin, (*Antiquités Nationales*). Alips de Mons portait une guimpe. Le portail, peu remarquable dans son dernier état, et dessiné par Millin (planche 1re), avait cependant conservé son pilier central, lequel était encore orné de la statue de la Vierge. Les caractères de la décoration de ce portail, et particulièrement sa division en deux entrées par un pilier central, ne permettent guère de le rapporter à une autre époque qu'à la seconde moitié du quinzième siècle (1475). Il est donc probable, d'après cela, que le tombeau d'Enguerrand et ce même portail étaient tous deux l'ouvrage de Pierre III de Roncherolles, qui, comme nous le verrons

Comme nous l'avons déjà vu, Enguerrand avait deux frères, tous deux ecclésiastiques, Philippe, d'abord évêque de Cambrai, puis archevêque de Sens, et Jean, d'abord chantre de la Cathédrale de Paris, puis évêque de Beauvais en 1312, ensuite archevêque de Rouen, et enfin chancelier de France. [1] Ainsi que nous l'avons déjà vu également, tous deux avaient assisté à la dédicace de l'église d'Ecouis. Ils léguèrent à cette église de grandes richesses. Philippe mourut à Paris, en 1325, et fut enterré dans l'église des Chartreux de cette ville. Jean mourut à Rouen le 26 décembre 1351, et fut enterré dans l'église d'Ecouis, à côté d'Enguerrand (son frère consanguin). On y voit encore son tombeau, qui, heureusement, a échappé au vandalisme révolutionnaire. Toutefois, ce monument n'a rien de bien remarquable. Seulement, l'ar-

---

plus loin, devint propriétaire d'Écouis, en 1452, par son mariage avec Marguerite de Châtillon, et qui ne mourut qu'au commencement du siècle suivant. On voit aussi, dans le recueil de Millin, les figures d'un nommé Cornu et de sa femme, qui étaient placées près de l'entrée. Celle de la femme était remarquable par l'élégance de son costume et sa gentillesse.

[1] Il avait reçu, de Philippe de Valois, le titre de lieutenant du roi, du duc de Normandie et du duc d'Aquitaine, en récompense des services importants qu'il lui avait rendus dans sa rivalité avec Édouard III, pour la Régence. Il y plaida la cause de Philippe avec une grande chaleur, en tirant ses principaux arguments de ce texte de l'écriture : *Considerate lilia agri, quoniam non laborant neque nent.*

chevêque est représenté en marbre blanc, couché
sur une tombe en marbre noir. Il a les mains
jointes sur la poitrine et gantées ; ses yeux sont
fermés, et sa tête s'appuie sur un coussin. Il est
coiffé d'une mitre, et revêtu d'une chasuble de
forme antique, à collet rabattu, sur laquelle on
voit le *Pallium* ; l'étole est cachée sous un vêtement
inférieur (probablement la dalmatique), qui n'en
laisse apercevoir que les deux bouts, étroits et
décorés d'une frange; le manipule, qui porte le
même ornement, est pareillement remarquable par
ses dimensions longues et étroites. Ce costume a
beaucoup d'analogie avec ceux des prélats qui
figurent sur la précieuse châsse de Saint-Taurin,
à Evreux, sauf une circonstance fort importante,
savoir l'absence complète de galons. La statue,
au lieu de crosse, tient une espèce de masse, qui
n'est autre chose, suivant Millin, que la croix
archiépiscopale, dont la partie supérieure a été
enlevée. (Ce n'est que depuis peu d'années que ce
tombeau a été dépouillé des plaques d'argent dont
il était orné autrefois.) Sous les pieds du prélat
étaient couchés deux petits lions, dont l'un existe
encore, gravement mutilé. Au-dessus de l'effigie,
qui a les pieds au sud et la tête au nord, c'est-à-
dire la face tournée vers l'autel, on lit, gravée en
lettres gothiques sur une plaque de marbre noir

incrustée dans la muraille, cette inscription en vers léonins, que *ie rapporte*, dit l'auteur de l'*Histoire des Archevéques de Rouen*, *plutost pour un monument d'antiquité, que pour marquer le génie de celuy qui les a composés...*

« Hoc marmor claudit sub ossa Johannis,
   Gnari pastoris, qui rexit pluribus annis,
   Hinc Belovacenses, hinc Cleros Rotomagenses.
   Constans, consultus, justo quoque fœdere fultus,
   Firmus in adversis, dolis et fraude reversis;
   Armis præcinctus, mentisque caractere cinctus.
   Dux fuit in bellis: Anglis virtute rebellis,
   Testatum solvit vivens, ac vincla resolvit,
   Pauperibus dando, Christo se consociando;
   Germanus cujus fundi dator extitit hujus,
   Infrà quem pulchrum subiit cum carne sepulchrum;
   Post natale Dei, Martis sub luce diei,
   In quinquageno primo C ter atque C deno;
   Oretis Christum quòd patrem collocet istum
   In cœli sede, feliciter, et sine cœde. »

On peut ajouter à ces vers les deux suivants, faits également pour lui :

« Prodit Johannes, duplici celebrandus honore,
   Longiùs ast referent nomen Scoyensia templa. »

Enguerrand de Marigny avait été marié deux fois; d'Alips de Mons, sa dernière épouse, il avait eu : 1º Louis de Marigny, dont l'article suit; 2º Raoul et Thomas de Marigny, morts jeunes;

3° Alips de Marigny, dont nous parlerons plus bas ;
4° Marie de Marigny, qui fut religieuse à Maubuisson, et 5° Isabeau de Marigny, femme de Hugues
de Danci.

Louis de Marigny, fils aîné d'Enguerrand, épousa
Roberte de Beaumez, dont il eut Ide, dame de
Marigny, etc., qui épousa, en 1348, Jean de Melun,
troisième du nom, comte de Tancarville, connétable et chambellan de Normandie, auquel, après
la mort de son père, elle porta en dot la baronnie
d'Ecouis. Ce noble baron, possesseur d'une fortune immense, mourut sans enfants. Cependant,
c'est à lui et à sa femme que la tradition d'Ecouis
rapporte l'épitaphe suivante, que l'on voit dans
l'église de ce bourg, au milieu de l'aile septentrionale (assez près de la chaire et de la porte du
chœur, à gauche en entrant). Elle est gravée sur
une petite pierre carrée, semblable à ce que l'on
nomme *un grand pavé de Caen* ou *de Quilly*.
Cette inscription se trouvait anciennement sur
une autre pierre beaucoup plus grande, ornée
d'une bordure en cuivre, et qui est disparue depuis
long-temps déjà. Voici cette épitaphe :

> Cigit l'enfant, cigit le père,
> Cigit la sœur, cigit le frère,
> Cigit la femme et le mari
> Et ne sont que deux corps ici,

Assurément, Jean de Melun n'a pu être ni le père,
ni le frère d'Ide de Marigny, sa femme, et l'épitaphe dont nous parlons deviendrait, par cela seul,
une énigme inexplicable, si tout le monde n'était
convaincu d'avance que le fait dont ce monument
était supposé perpétuer le souvenir est entièrement
apocryphe. Voici, du reste, l'explication de cette
anecdote, selon les uns : un fils de madame d'Ecouis,
parvenu à cet âge où les passions font tant de mal-
heureuses victimes, conçut pour la servante de sa
mère un amour ardent. Cette servante, jolie mais
vertueuse, rougit à la proposition ou plutôt à
l'ordre formel que lui fit un jour son jeune maître,
de se rendre avec lui sous une charmille, lorsque
la nuit serait venue. La jeune fille toute tremblante,
s'éloigne sans lui répondre et va dire à sa maitresse
ce que M. d'Ecouis vient de lui proposer; mais
elle n'explique pas si c'est le père ou le fils. A ces
mots, madame d'Ecouis, fort jalouse à ce qu'il paraît, dit à la servante de rester tranquille, en lui
assurant qu'elle se rendrait elle-même à sa place,
au rendez-vous marqué. Elle s'y rend en effet,
croyant jouer un beau stratagême; la nuit était
obscure, la charmille épaisse, et le jeune homme,
croyant que c'était la servante, et ne voulant pas
faire de bruit, dans la crainte d'attirer quelqu'un
de ses parents ou toute autre personne dans ce

lieu , ne parla pas ; madame d'Ecouis , voulant de
son côté *faire un tour*, c'est-à-dire éprouver la
fidélité de son mari, ne parla pas non plus. Le
crime est consommé !... Madame d'Ecouis reconnaît son fils !... Son fils, pour expier un tel forfait,
entreprend le voyage de Jérusalem, erre pendant
quelques années dans les contrées lointaines, passe
en Lorraine, y épouse une jeune fille nommée
Cécile, qui était auprès de la duchesse de Bar.
Revenu à Ecouis avec sa femme, il apprend en
arrivant que sa mère a eu de lui une fille nommée
Cécile, que l'on a éloignée du pays, à cause de son
origine. Le jeune d'Ecouis reconnaît que Cecile,
sa femme, est aussi sa fille et sa sœur, puisqu'ils
sont nés de la même femme. Ils finirent tous deux
leurs jours à Ecouis, en 1512.

Telle est l'explication de cette épitaphe, qui a
tant embarrassé plusieurs savants. Les uns, faute
de l'avoir bien copiée, s'y sont long-temps tourmen-
tés en vain et ont fini par dire qu'elle avait été
faite à plaisir pour exercer l'esprit du lecteur.
D'autres, en connaissant l'anecdote qui lui a donné
lieu, se sont écriés avec raison que c'était un absurde
et affreux roman.

Notre savant ami M. Louis Du Bois, de Li-
sieux, a publié d'après Millin, dans le premier
volume des *Archives normandes*, un assez grand

nombre d'épitaphes semblables à celles d'Ecouis.
M. Le Prevost, de Bernay, et nous-même, en
avons recueilli plusieurs autres qui sembleraient
annoncer que ces étranges et criminelles combi-
naisons se seraient renouvelées en beaucoup
d'endroits à la fois, et particulièrement à Tour-
nay, à Valenciennes, à Pola en Istrie, etc., etc.
« Or, dit M. Le Prevost, un seul fait de ce
genre est déjà fort invraisemblable ; plusieurs, vers
la même époque, sont manifestement impossibles,
et n'attestent qu'un jeu d'esprit trop avidement
pris à la lettre par l'ignorance et la crédulité. C'était,
à ce qu'il paraît, un besoin général, aux quinzième
et seizième siècles, que des suppositions de ce
genre. On en plaçait la scène à Ecouis, comme
ailleurs ; mais il paraît qu'ici on y a tenu davan-
tage... » [1]

---

[1] « Un grand nombre de fables grecques, milésiennes et latines,
dit aussi M. L. Du Bois, devenues communes aux orientaux, ont
passé chez les modernes, et se retrouvent, avec plus ou moins de
variantes, dans les fabliaux, les contes et les récits populaires.
C'est ce qui est surtout arrivé à celles de ces narrations qui
présentent le plus de ce merveilleux qui séduit l'imagination et
se grave plus facilement dans la mémoire, après lui avoir offert
un plus piquant intérêt.

« Telle dut être et telle fut, en effet, l'histoire d'OEdipe, si fameuse dans l'antiquité, que les tragiques anciens et modernes ont
immortalisée, et dont Stace fit le sujet d'une épopée. On trouve
cette histoire, sinon copiée entièrement, du moins imitée dans

Ainsi que nous l'avons déjà dit, Louis de Marigny, fils aîné d'Enguerrand, n'eut de Roberte de

plusieurs anecdotes et dans quelques épitaphes, qui toutes semblent tirer leur source de cette tyrade énigmatique de la *Thébaïde* de Sénèque:

« Avi gener patrisque rivalis sui ;
Frater suorum liberûm et fratrum parens ;
Uno avia partu liberos peperit viro,
Ac si nepotes: monstra quis tanta explicet ?... »

Voltaire choisit ce sujet pour son début au théâtre; Racine et Crébillon l'avaient déjà traité.

Ce fut également à l'imitation de cette sorte d'énigme qu'un ancien écrivain composa l'épitaphe *Hersilius hic jaceo*, *mecum Mercella quiescit*, qu'on lit dans le recueil intitulé : *Fabellæ et OEnigmata veterum poetarum græcorum et latinorum*, imprimé à la suite du Phœdre latin de Plantin (Leyde, 1598, in-8°).

Le conte de Hersilius et Mercella offre un sujet pareil à celui de la petite pièce d'Asinius Gallus, traduite en prose par Simon de Troyes (*Choix de poésies érotiques*, Paris, 1786).

Titus Stroza traita le même sujet dans une épitaphe concise, claire et élégante, imprimée dans le *Deliciæ italorum Poetarum* de Gruter (1608), et dans l'*Hortus Epitaphiorum*.

Mais ce sujet est encore renchéri dans cette autre pièce du même recueil :

« Hoc avia , hoc neptis, nata et materque sororque,
Frater, vir , conjux, filius atque pater,
Marmore contegimur. Tot in uno condita ? dicis;
Ne credas : solùm corpora trina sumus.

De la langue latine et des contrées étrangères, cette *histoire* passa bientôt en France, et y fut traitée dans l'idiome national. L'épitaphe suivante existe à Clermont en Auvergne:

Cigist le fils, cigist la mère,
Cigist la sœur, cigist le frère,
Cigist la femme et le mari,
Et ne sont que deux corps ici.

Beaumez, son épouse, qu'une fille nommée Ide,
qui ne laissa pas d'enfants. Après la mort de cette

La suivante, comme la précédente, se trouve dans l'*Hortus
Epitaphiorum* :

> Ici je dors avec Pyrame,
> A qui j'étais sœur, fille et femme,
> Mais comment cela ? direz-vous ;
> Il m'engendra de notre mère :
> D'où vient qu'il me fut père et frère;
> Après, je l'eus pour mon époux.

L'auteur de l'*Hortus* dit que cela arriva à un jeune marquis
d'Italie, qui eut une fille de sa mère, et épousa cette fille. C'est,
en effet, ce qu'on lit dans Blondus et Belle-Forest.

L'épitaphe d'Écouis présente encore beaucoup de ressemblance
avec une autre existant à Nanteuil-le-Haudouin, ancienne châtellenie de l'Ile-de-France (vendue, en 1556, à François de Lorraine, duc de Guise).

A Alincourt (village de Picardie, entre Amiens et Abbeville) on
trouve la suivante :

> Cigit le fils, cigit la mère ;
> Cigit la fille avec le père :
> Cigit la sœur, cigit le frère;
> Cigit la femme et le mari
> Et n'y a que trois corps ici.

Ce conte ne dut pas inspirer moins d'intérêt aux Espagnols,
qu'il n'en avait excité chez les anciens et les Italiens. En effet,
on le trouve dans le recueil des nouvelles du R. P. Montalvan
(*Sucesos y prodigios de Amor*). Là, cependant, l'odieux est porté
à l'excès : une mère y séduit son fils !!!...

Les Français n'attendirent pas au dix-septième siècle à faire
passer ce sujet dans leurs ouvrages de littérature. Marguerite de
Valois le traita avec délicatesse dans la dernière nouvelle de la
Troisième Journée de son *Heptaméron*.

Brosse le mit sur la scène, et le fit jouer sous le titre des *Inno-
cens coupables*.

dernière, tous ses biens retournèrent à Alips de
Marigny, sa tante, qui avait épousé un sieur de

Desfontaines le rendit assez supportable dans un roman publié
à Paris, en 1638. Ce roman, intitulé : *Inceste innocent*, *histoire
véritable*, eut beaucoup de succès, et fut réimprimé in-8°, avec
gravures, en 1644. Il joignit à cette nouvelle édition une *Notice
qui faisoit connaître les véritables noms* de ses héros. Il la dédia
à la duchesse de Lorraine, assurant gravement, dans son Épitre
dédicatoire, que ses personnages avaient été bien connus à la
cour de Bar.

Après Desfontaines, qui place son drame sous le règne de
François Ier (1520), un autre littérateur s'empara de l'histoire de
ce double inceste, qui avait pourtant été tant de fois traitée, et
publia, en 1783, *le Criminel sans le savoir*, *roman historique*. Il
fixe l'époque de l'évènement à la croisade de Godefroi de Bouillon,
et met le lieu de la scène à la Hogue.

Marguerite de Valois le place sous Louis XII, c'est-à-dire vers
la même date qu'a suivie Desfontaines.

« Les contes, poursuit M. L. Du Bois, à la savante notice duquel
nous empruntons la plupart de ces détails, sont sujets à faire
le tour du monde. » L'histoire d'Œdipe a passé des anciens aux
modernes, et notre épitaphe d'Écouis a passé également à nos
voisins les Anglais, dont les ancêtres l'avaient sans doute vue
lorsqu'ils fréquentaient la Normandie.

Dans un recueil intitulé : *Nuits anglaises*, on trouve une
aventure effrayante, dont le titre ne laisse entrevoir que très
faiblement le contenu.

Après avoir traité cette aventure en romans, tragédies, drames,
épitaphes, voire même en cas de conscience, il ne manquait plus
que d'en faire une *véritable Histoire*. C'est ce qu'a fait Mathurin
Le Picard, curé du Mesnil-Jourdain, dans son livre : *Le Fouet des
Paillards*, imprimé à Rouen, en 1623. Il met son anecdote,
« rapportée, dit-il, par Maulius en ses *Lieux communs* et par
Rescius en sa *quatrième Meslange*, » sur le compte d'une luthérienne de Lipse (Leipzig). L'auteur, voisin d'Écouis, et con-

Fescamp. C'est ainsi que le patronage de la collégiale d'Ecouis, attaché, comme nous l'avons vu,

naissant par conséquent l'épitaphe de cette collégiale, a préféré l'anecdote de la luthérienne, qui lui fournissait l'occasion de *courir sus à Luther* et de *fouetter ces paillards d'hérétiques*.

On connaît la fameuse inscription énigmatique *Aelia Lælia Crispis*, trouvée à Bologne en Italie, et cette autre inscription tumulaire, parodie de celle de Bologne, que l'on rencontre dans le *Recueil des pièces de littérature du prince de Grimberghen* (Paris, 1758, in-8° ; voir aussi l'*Année littéraire pour* 1758, tome VI, page 92).

Malgré tous ces faits, qui prouvent d'une manière si incontestable la fausseté de l'épitaphe d'Ecouis, nous avons vu cependant des hommes distingués, entre autres Millin, et, ce qui est plus surprenant encore, M. Du Bois lui-même, paraître ajouter foi à la ridicule et dégoûtante fable inventée par des prêtres fanatiques et ignorants, indignes ministres d'une religion de vérité et de pureté, qui n'avaient d'autre but, en trompant ainsi la crédulité publique, que de donner un certain renom à leur église. Voici comment MM. Millin et Du Bois se donnent la peine d'éta_ blir les noms des personnages, les dates et les lieux :

« Revenons à l'épitaphe d'Ecouis, pour dire qu'elle se rapporte à Berthe, fille du comte de Châtillon-sur-Marne, qui épousa le châtelain d'Ecouis, et en eut un fils après un an de mariage, Il fut envoyé incognito en Artois pour son éducation militaire ; il suivit Charles VIII en Italie et lui sauva la vie à Fornoue. Il vit à Bourges sa mère, qui, devenue enceinte, se réfugia chez la duchesse de Bar et y accoucha de Cécile. Le jeune homme voit à Bar Cécile, et l'épouse. Il y découvrit sa naissance, etc... Morts à peu près en même temps, les deux infortunés époux furent mis dans le même tombeau, en 1512. » (*Archives normandes*, t. 1er).

« Nous ignorons, dit à ce sujet M. A. Le Prevost, quel auteur a fourni ces faits à Millin, ainsi qu'à notre savant ami, mais nous prendrons la liberté de représenter à ce dernier qu'ils sont entièrement controuvés, et ne soutiennent pas le plus léger

aux fiefs de Marigny et du Plessis, qui l'ont conservé jusqu'à la révolution, se trouva transporté,
avec ces mêmes seigneuries, dans la maison de
Fescamp.

Bientôt tous ces biens passèrent dans celle de
Gamaches, par le mariage de Marie de Fescamp,
petite-fille d'Alips, avec Guillaume de Gamaches,
premier du nom [1], puis dans celle de Châtillon-sur-

examen. Le seul personnage historique auquel puisse se rapporter son récit, est ce même Pierre de Roncherolles, troisième
du nom, que nous avons déjà mentionné..... Il accompagna, en
effet, Charles VIII dans son expédition de Naples, et se trouva à
la bataille de Fornoue; mais nous n'avons pas connaissance qu'il
ait sauvé la vie du roi. Ce n'est point le père de ce seigneur,
mais lui-même, qui s'allia à la maison de Châtillon; il n'était
point châtelain d'Ecouis, puisque ce fut sa femme qui lui apporta
cette terre en dot. Cette dame ne s'appelait ni Berthe, ni Cécile,
mais Marguerite, et sa naissance n'était enveloppée d'aucun
mystère. Il n'y avait aucune identité entre sa mère Blanche de
Gamaches et la mère de son mari, Isabeau de Rouville. Enfin,
Pierre de Roncherolles ne mourut point vers 1512, mais en 1503 '
et il ne paraît pas que ses jours ni ceux de sa femme aient été
abrégés par les chagrins ou les remords; car ce ne fut qu'après
cinquante un ans de mariage qu'ils se terminèrent pour l'un, et
après soixante-six ans pour l'autre. »

[1] Ce Guillaume de Gamaches combattit toute sa vie, tantôt
pour les Anglais et tantôt contre eux. Guillaume II de Gamaches,
son fils aîné, baron d'Écouis, se distingua beaucoup parmi les
plus illustres seigneurs de son temps. En 1418, il surprit Compiégne et en chassa le sire de Saveuse, qui y commandait pour
le duc de Bourgogne. *Bientôt après, il s'empara de Soissons, et
y donna malheureusement des exemples d'inhumanité trop
fréquens alors dans les guerres.*

Marne, par le mariage, en 1439, de Blanche de
Gamaches, petite-fille de Marie, avec Jean, seigneur de Châtillon. Marguerite de Châtillon, leur
fille, épousa, en 1452, Pierre de Roncherolles,
troisième du nom. Au commencement du dix-
septième siècle, les terres d'Ecouis et du Plessis
appartenaient au duc de Retz. Un héritier de la
famille de Roncherolles, aussi du nom de Pierre,
et qui avait été député de la noblesse de Normandie aux Etats généraux, en 1614, acheta ces deux
terres en 1628. Il les transmit à ses descendants,
qui en sont restés propriétaires jusque vers le milieu
du siècle dernier [1].

Le 4 novembre 1594, Henri IV, voulant gagner
Compiégne, où l'attendait toute la noblesse de
Picardie, se rendit d'Ecouis à Gisors; il était acom-
pagné de quelques arquebusiers et d'un très petit
corps de cavalerie.

L'église d'Ecouis, l'un des derniers établissements de ce genre que la piété d'un particulier ait
élevés dans notre province, sans être d'une beauté
ou d'une étendue bien remarquable, présente

[1] La baronnie d'Écouis, ainsi que les seigneuries de Marigny et
du Plessis, fut vendue vers 1770 à M. Gaillard de Beaumanoir,
dont la marquise Dauvet acheta la seigneurie d'Écouis vers 1780.
A la même époque, Marigny passa dans les mains de M. de Merval,
puis, en 1806, dans celles de M. de Belmont, et, enfin, dans celles
de M. Vatrin.

7

quelques circonstances dignes d'attention pour
l'histoire de l'art. « C'est l'une de celles , dit
M. A. Le Prevost, dont la date est la plus certaine,
puisque nous connaissons d'une manière authen-
tique l'époque de sa fondation et celle de sa dédicace.... La rapidité de sa construction , qui paraît
peu croyable au premier coup-d'œil, s'expliquera
plus facilement, quand on saura qu'elle est, si
nous osons parler ainsi , tout d'une venue , sans une
colonne, sans un pilier, sans une nervure à l'intérieur... » Il faut en excepter, cependant, les chapelles latérales, placées entre la croisée et le portail,
lesquelles, à la vérité, ont été ajoutées postérieu-
rement, c'est-à-dire de 1520 à 1530. De ces
chapelles , autrefois fort nombreuses, il ne subsiste
plus que celles du côté du midi , et deux autres
du côté du nord, entre le chœur et la croisée. Ces
dernières servent maintenant de sacristie. On y
remarque quelques statues de saints en pierre,
et fort grossières, que l'on croit, contre toute vrai-
semblance, appartenir au dixième siècle , et pro-
venir d'une autre église fort ancienne , remplacée
vers le onzième siècle par celle de *Saint-Aubin*.
Quant aux chapelles du midi, on prétend que c'est
là qu'était établie la paroisse avant la révolution.
L'une d'elles, placée au bas de l'église , à droite
en entrant, possède une voûte très curieuse: c'est

une espèce de plancher formé de pierres de taille
très longues et épaisses, du sommet duquel s'é-
levaient jadis deux belles statues, qui pouvaient
ainsi être aperçues de fort loin, à l'extérieur de
l'église.

« Toutes les fenêtres de cet édifice, dit M. A. Le
Prevost, sont pointues, fort simples et bien éloi-
gnées de cette élégance et de cette richesse d'ornements qu'on admire dans les fenêtres, presque
contemporaines, du chœur de Saint-Ouen de
Rouen. Celles d'Ecouis sont terminées par des
rosaces à quatre lobes, excepté aux extrémités, où
l'on retrouve les rosaces à six lobes, si fréquentes
dans les constructions des treizième et quatorzième
siècles. »

Nous ajouterons, cependant, que les chapelles
dont nous avons parlé ci-dessus, du moins celles
du midi, renferment de magnifiques culs-de-lampes
et de superbes moulures gothiques.

La chaire, les quatre autels latéraux, et les
placards en bois sculpté qui décorent le chœur et
une partie des ailes de l'église, sont autant de mor-
ceaux dignes, au plus haut degré, de fixer l'attention de l'antiquaire et de l'artiste.

Une statue de la Vierge, en marbre blanc, et
dont le style paraît appartenir aux premières années

du seizième siècle, mérite aussi quelque attention.

Il en est de même de plusieurs autres objets des quatorzième, quinzième et seizième siècles, qui ne peuvent qu'être fort précieux pour faire connaître l'état des beaux-arts à ces différentes époques, puisque, si l'on en juge par les richesses de la collégiale, ils étaient probablement ce qu'il y avait de mieux alors.

Avant la révolution, on voyait dans cette église une magnifique contre-table en cuivre doré, formée de quatre piliers fort élégants, supportant chacun un ange (aussi en cuivre). Cet autel, appartenant à l'année 1478, avait été vendu, en 1752, aux chanoines d'Ecouis, par les curés et fabriciens de Notre-Dame de Louviers, pour la somme de 895 livres.

La voûte actuelle de l'édifice, lequel présente cent quarante-trois pieds de long sur trente-deux pieds de large et cinquante de hauteur, mérite une attention toute particulière. Elle est moderne, entièrement composée de briques, et a remplacé, vers 1780, le plancher primitif, qui n'était qu'en mauvaise charpente. Cette voûte a été construite aux frais de M. de Beaumanoir, devenu seigneur d'Ecouis.

La table du grand-autel est formée de plusieurs marbres précieux.

Outre sa fameuse épitaphe, l'église d'Ecouis renfermait encore plusieurs autres tombeaux. Parmi les plus intéressants nous citerons :

1º Dans le chœur, une tombe de marbre noir, existant encore, sur laquelle est représentée une dame, parée des plus beaux atours de son siècle; avec cette inscription : *Cygist noble dame Madame Blanche de Gamaches, dame de Chastillon et de Gamaches, ueufue de feu Mes.... de Chastillon, Chlr (Chevalier), laquelle trespassa l'an 1472, le 24ᵉ jour de may.*

2º Une autre Blanche de Gamaches, morte en 1479, et enterrée au bas du chœur. Elle était représentée sur son tombeau avec des manches pendantes et un bonnet présentant quelque analogie avec un turban de janissaire (*Voyez* Millin, planche II, fig. 5). Ce bizarre costume se retrouve sur quelques-uns des lambris du chœur.

3º Pierre de Roncherolles, troisième du nom, et Marguerite de Châtillon, sa femme (*Voyez* Millin, planche IV).

4º Louis de Roncherolles, deuxième du nom, et Françoise de Halwin, sa première femme.

Il y avait encore plusieurs autres tombes fort curieuses, dans le croisillon du nord, dans les sous-ailes qui avoisinent le chœur, dans la grande chapelle qui se trouve au bas de l'église (au midi), et surtout dans un magnifique caveau pratiqué sous le pavé du chœur.

Le portail est orné de deux clochers, qui, sans être d'une grande élévation, s'aperçoivent de fort loin, ainsi que tout l'édifice, à cause de leur heureuse position au milieu de l'une des plaines les plus vastes et les plus unies qu'on puisse rencontrer. Cette circonstance ajoute tellement à l'effet extérieur du monument, qu'elle trompe le voyageur sur les véritables dimensions. Il y avait autrefois huit cloches dans l'une de ces tours, et quatre dans l'autre.

« On pourra, continue M. A. Le Prevost, se faire une idée de la magnificence du trésor d'Ecouis, quand on saura qu'il en est sorti à la révolution 370 marcs d'argent. Nous ne saurions assez recommander à l'estime et à la reconnaissance des amis de nos antiquités le sieur ALLAN, simple cordonnier d'Ecouis, qui, au moment où la tempête révolutionnaire engloutissait les objets précieux renfermés dans ce trésor, brava de grands dangers pour en sauver quelques-uns, et a résisté depuis, avec une constance non moins digne d'éloges, aux propositions les plus séduisantes, tendant à les soustraire à sa pieuse vénération. Ce sont la crosse et la mître de l'archevêque Jean de Marigny, dont nous venons de décrire le tombeau.... »

Enguerrand de Marigny avait encore fondé à Ecouis un hopital sous le nom de *Saint-Jean-Baptiste*; on y recevait les passants de l'un et de l'autre sexe, dans deux corps de logis séparés, situés sur la grande route de Paris, et près desquels l'administrateur avait le sien. Le fondateur avait réglé que tous les biens meubles des chanoines, qui mourraient *ab intestat*, seraient divisés par le doyen et le chapitre en trois parts, dont l'une serait délivrée à l'hôpital, la seconde à la fabrique de la Collégiale, et la troisième aux douze chanoines et aux douze clercs, sans compter le meilleur lit du défunt, qui devait tourner, sans aucun partage, au profit de l'hôpital seul. Dans la suite, une dame d'Ecouis, de la maison de Rambures, y fit unir la chapelle de Cambron (près Amiens), à condition d'y entretenir deux nouveaux lits pour les malades. A la fin du dix-septième siècle, M. Claude de Roncherolles, baron de Pont-Saint-Pierre, y avait établi deux sœurs de la Providence, auxquelles on avait substitué, en 1723, deux autres sœurs de l'Institut de Nevers, l'une pour avoir soin des malades, l'autre pour l'instruction des jeunes filles du bourg. Supprimées à l'époque de la révolution, ces sœurs ont été rétablies depuis quelques années.

Des revenus de l'hôpital, il s'était formé, par abus, une espèce de petit bénéfice, dont on appelait le titulaire *Prieur de Saint-Jean;* mais tout fut éteint, supprimé, et réuni au profit des pauvres et des sœurs. Le baron de Pont-Saint-Pierre en était de droit le premier administrateur; le doyen l'était aussi; et on en nommait encore d'autres, tirés tantôt du corps du chapitre, et tantôt des habitants du bourg.

Aujourd'hui, l'hospice d'Ecouis a cinq lits et possède 5,950 francs de revenu.

Après son église, Ecouis ne possède plus rien de remarquable, si ce n'est, toutefois, le magnifique pensionnat fondé et long-temps dirigé avec autant d'habileté que de succès par M. l'abbé Jouen. Cet établissement, que nous signalerons d'une manière toute particulière aux pères de famille qui désirent donner à leur fils une éducation aussi brillante que solide, est surtout recommandable par cette discipline religieuse et morale sans laquelle il ne peut être de bonnes études, et par conséquent de véritable bonheur. Là, on élève l'ame et nourrit le cœur, en même temps que l'on éclaire l'esprit et fortifie le corps. C'est un hommage que nous nous faisons un bien doux devoir, un bien sincère plaisir, de rendre à ceux qui, avec un zèle et une persévérance aussi louables que rares, ont dirigé nos premiers pas dans la carrière des lettres et des sciences.

On prétend qu'Ecouis a été autrefois une petite ville assez jolie. A la vérité, il porte bien, dans plusieurs anciens cartulaires, le titre de ville ; mais l'on ne peut ignorer que ce nom se donnait également autrefois aux bourgs, et même aux simples hameaux.

La population d'Ecouis est aujourd'hui de 729 habitants.

Claude de Roncherolles, né à Ecouis en 1636, mort au château de Pont-Saint-Pierre le 25 mars 1700, fut l'un des plus braves officiers du règne de Louis XIV. En 1655, à peine âgé de 19 ans, il fut mestre-de-camp d'un régiment de cavalerie qui porta son nom, et à la tête duquel il fut blessé et fait prisonnier, en 1656, au siége de Valenciennes. Rendu à la liberté (par échange), il continua de servir avec distinction, sous les ordres de Turenne. Il était marquis de Pont-Saint-Pierre, baron d'Ecouis et sénéchal héréditaire de Ponthieu, premier baron de Normandie, conseiller d'honneur-né au parlement de Rouen, etc.

Roussier (l'abbé), chanoine de la Collégiale d'Ecouis, en 1744, et années suivantes ; auteur de plusieurs ouvrages sur l'art musical, écrits avec esprit. Il a publié, entre autres, une nouvelle manière de chiffrer la basse continue, et des observations sur plusieurs points d'harmonie; mais l'ouvrage qui lui a fait le plus d'honneur est son *Traité des Accords et de leur succession.* Son *Histoire de la Musique des Chinois,* ouvrage complet, curieux et bien fait, est restée inédite.

TABLE DES MATIÈRES.

———

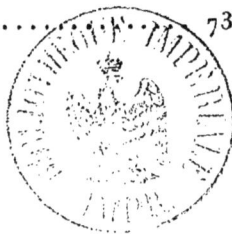

———

ROUEN, IMP. DE NICÉTAS PERIAUX
Rue de la Vicomté , 55.

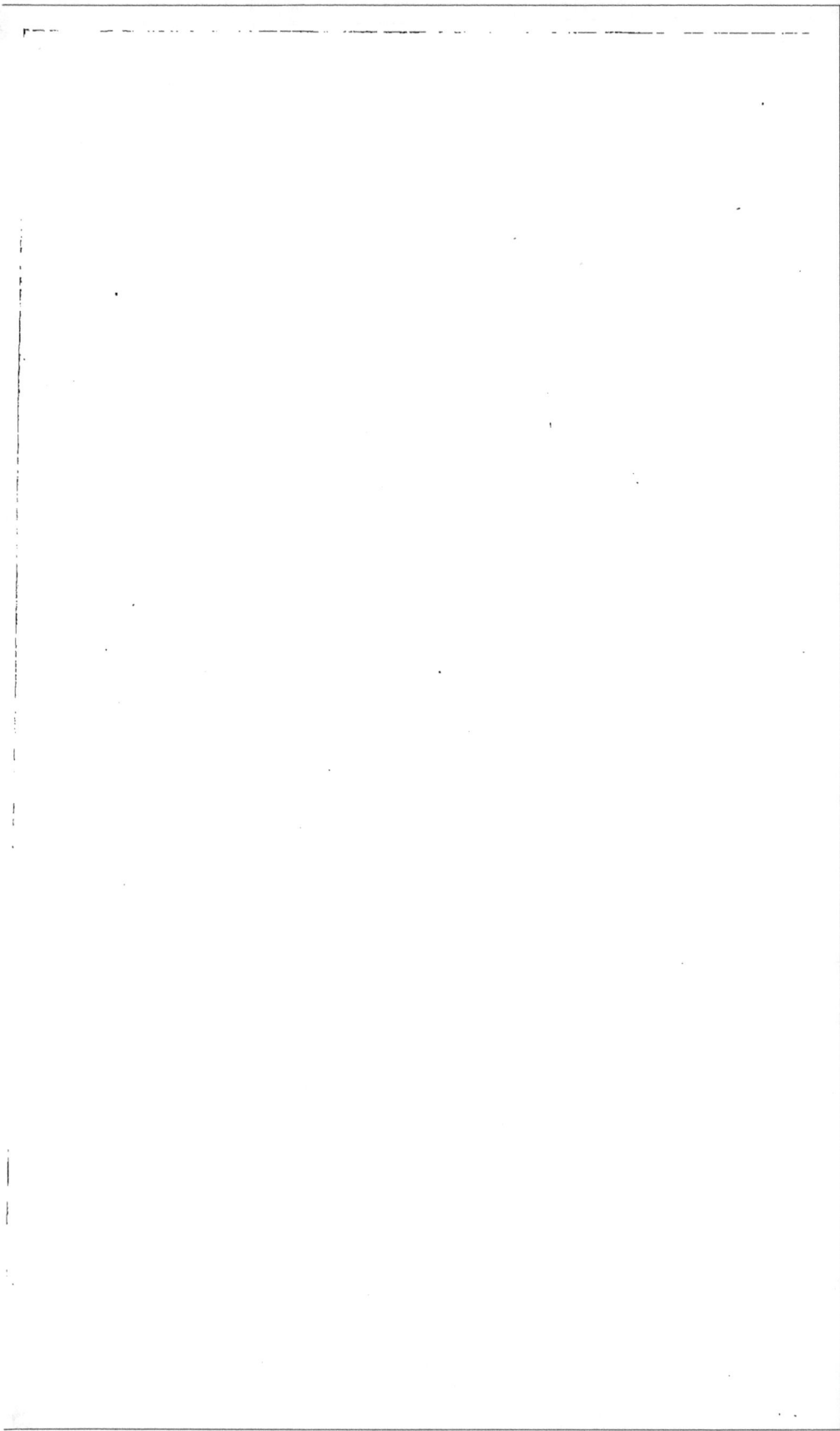

www.ingramcontent.com/pod-product-compliance
Lightning Source LLC
Chambersburg PA
CBHW071837090426
42737CB00012B/2277